北京礼俗

北京礼俗

崔金生 著

文化百科丛书

文物出版社

社交礼仪——送客

社交礼仪——握手、鞠躬

社交礼仪——跪拜、作揖

家庭礼仪——请早安

家庭礼仪——祭祖

家庭礼仪——家庭公约

生育礼仪——摸门钉

生育礼仪——拴娃娃

生育礼仪——抓周礼

生育礼仪——童蒙礼

生育礼仪——吉祥姥姥

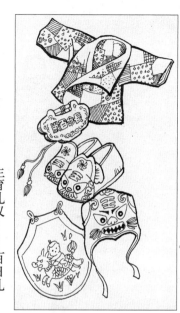

生育礼仪——百日礼

寿诞礼仪——祝寿

寿诞礼仪——放生

寿诞礼仪——过生日

婚姻礼仪——媒婆

婚仪执事

婚姻礼仪——送嫁妆

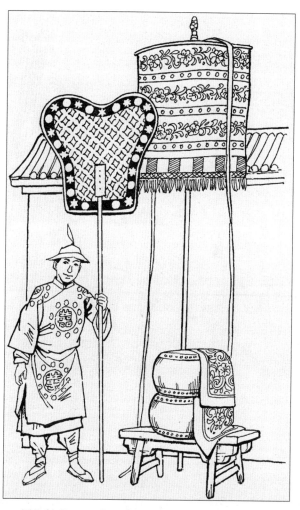

婚姻礼仪——伞、扇、大鼓

丧葬礼仪——糊烧活

丧葬礼仪——雪柳

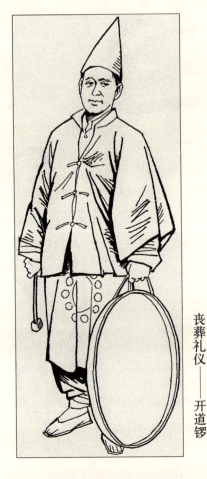

丧葬礼仪——开道锣

丧葬礼仪——撒纸钱

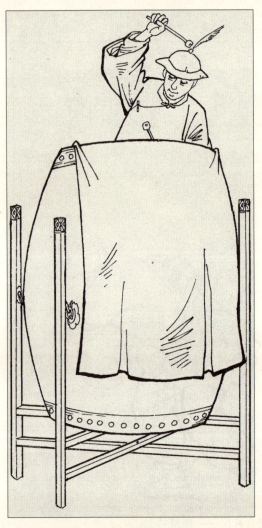

丧葬礼仪——门前大鼓

目　录

北京礼俗

北京礼俗

礼多人不怪

　　谁都知道我国是礼仪之邦，从古至今形成了很规范很系统的礼节，虽然社会发展到今天，礼仪的形式有了很大的变化，但是其宗旨却丝毫没有改，那就是要尊重他人。这种礼仪方式的变化，有一个长期的过程，有时是在不知不觉中完善和变化着；有时则是受到外来的影响而产生的。不管怎样，最后形成"定格"就成为一种习俗。回顾这些变化，品味其中的细节，是件非常有意思的事情。当然要系统地整理这些属于民俗的具体内容，并且从中寻找有规律性的东西，又是一件非常复杂和艰苦的事情。那是因为事过境迁，有些事物毕竟离我们遥远了。

　　有些礼节今天看来是极平常的，但是在它刚刚出现的时候，也会遇到阻力，遭到嘲笑的。比如握手，今天再平常不过了，哪一位一天不握上几回？可是在清朝末年，康有为提倡维新，把这个礼节介绍给光绪皇帝时，皇帝还没说什么，

北京礼俗

1

北京礼俗

一个王爷却笑得前仰后合说，两个人见了面，不作揖，却要伸出手来，这成什么样子啊！这情景在一部电视剧里活灵活现地表现了出来。他是觉着康有为好笑，可是观众都觉着他可笑，可在当时就是这个样子。

就北京人的礼节而言，也发生了很大的变化。过去见到皇帝或者大官，都要行跪拜大礼，在今天您不用有这个负担了，不管见了多大的领导，您连腿都不用弯，只管平身就是了。北京人，特别是上了几岁年纪的，见了面有一个非常特殊的问候，那就是："您吃了吗？"也不管早晚，也不分场合，都这么问。有时在黑灯瞎火的胡同里，也能听到这样的问候，河南有的地方见面问："喝汤了没有？"也是这个意思。其实目的不是打听人家是否真的吃了，只是问候一下，这是心照不宣的事情。所以，对于这样的问候，一般都是回答说："吃了。"就是没有吃，也没有人管，白说。

过去北京有句俗话叫"礼多人不怪"，就是说人不怕礼多，就怕礼不到。您对人客气，对方往往这样说："干什么，用不着。"嘴里这样说，心里美滋滋的。您要是礼貌不到，他背后准说："这人怎么这样啊?"对于礼节那是不成文的"政策",谁违反了就会遭到大家的指责。比如儿女不和父母住在一起,要经常去看望,还要带上点儿礼物,不在于东西的多少和贵贱,只要您去了,父母就高兴,因为礼到了。有些"大腕儿",忙,平时顾不上看双亲,即使老人病了,也无暇顾及。直到老人不在了,才挤出几滴眼泪说:"怎么会是这样?"要我说这种人不是成功者,连生身的父母都不放在眼里,他能对谁有感情?他所谓的事业,也许就是金钱。他拥多再多的钱也是一个赤贫,因为他缺少了作为一个人起码的标准,那就是礼。

礼节的变化一定要符合国情和现实情况,不可随意更改。比如刚刚改革开放时,有人检讨说国人做事的节奏慢,所以现代化一时实现不了。还举例说,我们在和朋友说再见时,总说慢慢走,为什么不说快点儿走,让人家多去做些事情呢?其实这是一种彻头彻尾的偏见,至少在今天,在我们的国家里是行不通的。因为我们说的"慢"里有许多的内涵,是对人的体贴,慢走安全可靠,慢走可以使人回味聚会的温馨。您非让人家快走,一旦脚下有个磕绊,摔倒了怎么办？

说到国情和礼节的事情，我想到一件事情。那是一个女学者到海外去工作，她的丈夫利用假期去看她。女房东去看望她的丈夫时送了礼物，是两只灰色的塑料袋，她一看避孕套，感到非常不理解，但出于礼貌还是收下了。第二天，房东还问她的丈夫用了没有，她简直大惑不解。直到房东说出不愿意在她丈夫离开后，看到她的肚子大起来，给她的工作和学习带来不便时，她才非常感激，认为房东对她真是体贴入微。这就是地域不同形成的礼节的不同，如果不是及时沟通，还能把礼貌和关心看成是一种骚扰。当然，随着我们和外界的交往不断扩大，随着人们思想观念的不断更新和开放，这样的误会会越来越少。

本书所说的礼仪是北京的，而且是过去，通过它我们可以了解老北京的风俗人情，包括社交、生育、寿诞、婚姻、丧葬各个方面。除了我们上面说的礼节，还有些属于风俗的。这就是说我们不仅要了解新的，还要知道旧的，这样对于我们今后运用礼节适应今天的社会都有莫大的益处。您切记住，对于礼节不可生搬硬套，也不可以随随便便，一定要

北京礼俗

掌握好火候。见什么人，怎么说，说什
么？这里边可是有学问。您别小看初次
见面的一声问候，一个礼节，弄不好把
第一次印象搞坏了，想再改过来，可就
不容易了。如果实在把不准，就掌握宁
多勿缺的原则，因为谁都知道礼多人不
怪啊！

　　　崔陟　癸未十月雪霁于红楼

自　序

中国素有"礼仪之邦"的盛誉，中华民族以重"礼"而著称。我们的先人早在先秦时代，就建设了一个礼仪完备的国度。战国时的战争，并没消灭礼，秦始皇统一六国后，也没忘记了礼制。所谓"百代皆沿秦制"。从总体上看礼仪虽经过了扬弃、修正等变革，但其趋向更加完备、成熟。

礼，在中国社会中占有十分重要的地位，它是维系等级秩序的标志、人际往来的行为规定，它深化道德观念，渗透在社会的最底层。

北京是世界闻名的文化古城，礼仪源远流长，曾有过五朝在这里建都。各民族的礼仪在这里相互渗透交融，因此，形成了它特有的礼仪风俗，并对全国有一定的影响。

北京传统礼仪的特点，就是礼和俗不分开。在许多的礼节中，其礼仪都是靠风俗信仰来支撑的，众多的礼仪都离不开风俗，皆以民俗信仰为基础。

北京素有"首善之区"之称，特别崇尚礼仪，各地都传有"北京人礼多"之说。形形色色的礼仪规定充满了生活中的方方面面。过去从皇上到百姓，从官府到家庭，每个阶级、阶层，人与人之间的关系，社会交往，一个人从生前到死后，都离不开礼，都受礼的制约。外国使臣到中国面君，都要先学礼，为此，今天的中山公园还留有外国人来京习礼的建筑——习礼亭。

在众多纷繁的礼节仪式中，最令人注目莫过于人生礼仪历程，从生前到死后的各个环节中都有一定的礼仪。本篇的礼仪文化，主要内容包括了社交、生育、祝寿、婚姻、丧葬的礼仪风俗。主要反映近现代民俗的演变，再现了老北京风俗的画面，使人们了解到过去北京人是怎么度过一生的，它对现代社会和个人都有着不可分割的影响。

今天，不仅有旧的礼仪存在，又有新的礼仪在产生，民俗文化在时间传衍上有连续性，在空间伸展上有蔓延性。因此，民俗文化的传承是一种时空文化的连续体。

礼仪民俗是社会民俗事象中的重要组成部分，是一定文化规范对于人格塑

造的要求，它无疑对社会主义精神文明
建设、以德治国和个人素养上有着重要
的意义。

北京礼俗

礼仪民俗

社交礼仪

我国是一个具有五千多年历史的文明古国，是一个非常讲礼仪的国家，素以"礼仪之邦"享誉世界。

礼仪渗透在社会、家庭生活的方方面面，也体现在每个人的言谈举止之中。随着人类的文明进步，在人们的日常生活中，几乎随时随地都把礼仪加以规范。

古代礼仪包括面非常广，凡典章、道德、行为准则等等，全都和礼仪有关。

老北京人是具有文化和教养的市民。在待人接物上，十分注重礼仪。北京人见人说话都讲究语言美，句句话都有浓厚的人情味，对人关心、体贴。就是挖苦、讽刺人，也讲究含蓄、委婉，不能带脏字。社会上的礼仪文明影响很深，就如老舍先生所说的，即使"走卒小贩亦另有风度"。北京人待人接物的圆熟老到，以及语态的优美、举止的大方是世界闻名的。一位英国哲学家在北京住了些日子后说："连北京的车夫也具有绅士

北京礼俗

的风度！"

北京人在长期的礼仪文明影响下，懂得种种的礼仪规矩，绝大多数的劳动人民就是未读书却也达理、无知识却有文化，显示出北京大都市市民的风范，不愧为首善之区。

在今天的社会主义文明建设中的北京人，继承和发展了古代和近代优良的社交礼仪传统，形成了具有中国特色的文明礼仪，在交往中，无论见面、谈话及参加各种活动等，都有一套谦让有礼，落落大方的礼节。

北京礼仪规范表现在生活中的方方面面，即使在日常生活中的坐、立、行走、睡眠姿态上，都有一套准则，特别在社交中，无论见面、语态、动作、迎客、待客、送客及书信的方式、信中称呼等都有一定的规矩。细想起来这些社交礼仪的习俗，决不是什么老生常谈或"老妈妈论"，而是作为人们的行为通用准则，不仅符合时代精神，也是提高民族素质的需要，有利于精神文明的建设。今天我们仍要学习和掌握其精华，发扬优良的社交礼仪传统，显示出北京的首善之区和北京市民的风范。

形体礼俗

早在南开中学学校里，还是敬爱的周总理上中学的时候，这个学校的教学楼前边竖立着一面镜子，在镜子上写有40字的镜铭："面必净，发必理，衣必整，钮必结。头容正，肩容平，胸容宽，背容直。气象：勿傲，勿暴，勿急。颜色：宜和，宜静，宜庄。"

周总理那时，就以此镜上的40字镜铭为自己言谈举止的规范，因此，在他光辉的一生中，总是保持着优美的风度，令人起敬。

坐姿

笔者幼年上私学，读《三字经》时，王老师就反复给我们讲这几句："为人子，方少时，亲师友，习礼仪。"他说："做儿女的，从少时起，就要努力学习，拜师访友，学习礼仪，也就是学礼做人，少年时学了礼，能影响一生。"后在读《弟子规》时，书中就对学生的言谈举止，都规定了礼仪规范，如在仪态、仪表方面的要求就有："步从容，立端正，钮必结，袜与履，俱紧切。""步从容，立端正，揖深圆，拜恭敬"等等，规定得很具体。

北京礼俗

在坐姿上，过去老北京人经常教育孩子要"坐如钟"。即坐在那里上半身挺直，两肩放松，胸部挺起，双膝合拢，双手自然安放，脚跟要靠紧，头部要正，这种坐姿，给人以端正、安详自然的感觉，是一种体态美。

无论何种坐的姿势，都不要两个膝盖分开，两只脚呈"八"字形，当两腿交叠坐着时，上边的脚尖要朝下，不可朝上，更不能上下来回抖动。坐下以后，就要保持安静，不能乱动。每逢孩子坐下时，一会向东一会向西，一会这样一会那样，父母就要训斥他："坐没坐样，一会老实时候都没有，招得人嫌狗不待见！"若再不改正坐好时，一个耳光也许是难免的。

古人对坐姿有不少的讲究，古人是席地而坐，讲究"虚坐尽后，食坐尽前"，在一般场合，坐时要靠后，表示谦恭。在吃饭时要往前靠一点，防止食物玷污。又如屋中的坐次，"以东向为尊"。即在座上面向东为尊，其次是坐北面南，再其次是坐南朝北。最次的位置是坐东朝西。《史记·项羽本纪》上，因项羽骄傲，在鸿门宴的坐次上以自己为尊，但又不能让叔父项伯坐在自己的位置下首，所以和项伯皆朝东而坐，是最尊的位置；范增是军师，面向南坐，仅次于项羽叔侄；项羽瞧不起刘邦，根本没把他看做和自己一样地位高的贵宾，就让他朝北而坐，不如范增坐次；而张良是刘邦的手下人，就让他坐在面朝西的位置上，是在场人中最卑的位置。

如不是室内，而是在堂上进行礼节性的活动，座位就又"以南向为尊"了。在不同场合有不同的坐法。

古代关于坐法的条条框框，自然和当代的精神不相符，但作为一种行为准则的精神，使我们在生活中的坐姿讲究仪态仍是重要的。若仪态不好，就使人反感，显得卑下；如坐姿正确，又有较好的仪表，那样别人就往往被你所吸引。

站姿

站立是社会交往中的基本仪态之一。

老北京要子女的站姿标准是："立如松"，就是说人在站立的时候，其姿势有如松树那样正直挺拔。这种健美的站姿，能给人一种精力充沛，舒展大方，挺立笔直，欣然向上的感觉，这是无声的语言，能给人以感染。

在《论语·乡党》里说："立不中门，行不履阈"。履阈即踩门槛的意思。古人

北京礼俗

北京礼俗

生活中是不许人踩门槛的。这点在旧北京中，无论大人、孩子，要立自家或别人家的门槛上，都会引起厌烦，认为这是没有家教，不懂礼仪的表现。立自己家门槛上，会被训斥，立在人家门上，会让人瞧不起。

说起不许踩门槛，还有个故事：说很早前，有一家五口老人领着四个儿子过日子。大儿子叫庄老大，也是个当家人。不料老人生病不幸去世，为了发送老人借了不少债，使他甚为发愁。一日早饭后，有要账的人来，他先不进屋，而双脚踩在门槛上问："里边有人吧？"庄老大一抬头，见是要账的踩在门槛上，心里一烦，一口饭噎在嗓子眼里。在他没咽下去时，讨账人说出账务急付之事，庄老大又一紧张，就觉血往头上涌，昏了过去。后来就一病不起，在他病危时，就对守在他身旁的三个兄弟说："你们千万记住，我是因讨账人踩了咱门槛，使我出不来气，头昏脑胀落下了病根。那门槛就像我的脖子，让人踩住脖子还好的了吗？以后不论谁当家，都要立一条家规：不许踩门槛，也不许坐。"庄老大说完就咽气了。从此，这条规矩就传了下来。

这虽是个故事，却说明站在门槛上的姿态非常不美，体现了站姿的重要。

要想站姿美，就得"立如松"，站时要双脚跟相靠，脚尖分开，身体重心要放在脚上。两腿并立，腰身挺直，挺胸收腹。头抬起脖颈挺直，两目平视，嘴微闭，面含微笑，下巴内收。

站时一定要注意：不能无精打采，身曲勾背，耸肩缩项，东歪西倒，更不能靠墙或家具上。在正式场合，不许将手交叉胸前或插在裤兜里。

走姿

《礼记·曲礼上》说的"行不中道"，即不要在路的当中走，应走两旁，中间为尊者行，是对尊者的尊敬。还说"堂上接武、堂下步武"，是指在堂屋中行走时，迈小步子，后脚紧跟前脚的一半；在堂下外边行走，就可以自由走动了，但也要跨出步伐来。又说："拾级聚足"，这是在陪客人上台阶应是前脚登上一级，后脚登上和前脚并齐后，再向上登走。不许一脚一个台阶。反之若有急事，就要跨级而上。"离立者，不出中间"。就是说前边若有两个人并立着，你不要从中间穿过去。

《礼记》上这些教导，都是旧时必读

北京礼俗

的，自然也就潜移默化在民间生活中，人们把坐姿、立姿、走姿归结为三句话："坐如钟，立如松，行如风"。由于句子简短，又押韵顺口，所以这三句要求形态美的话，不翼而飞，活在几代人的口中，北京人就用这三句话教育子女的，仍活在今天人们口中。

人走路的姿势很重要，走要比站的时候多，而且一般都是在街道等公共场合，人与人的走姿就构成了相互审美的对象。

"行如风"，是说在走起路来，有如风行水上，显出轻盈自然的美感。

要达到以上效果，在走路时要上身挺直，挺胸收腹，头正，双目向前平视，面含笑，下巴略下收，手臂放松伸直，手指自然微曲，走时用肩关节摆动，上臂带前臂向前，前臂不要往上甩动，摆动要适中。

步度、步位是走路姿势美不美的关键。步度：即行走时的两腿之间的距离。步度一般标准是脚踩出落地后，脚后跟离未出的脚尖距离等于自己的脚长。若身高超过一米七五的人，步度是约一脚半长；步位：指脚落下在地上的位置。走起路来最好的步位是两只脚所踩的是条直线，而不是两条平行线。

走路要使用腰力，有韵律感。走路作到有美感可参考以下口诀："以胸领动肩轴摆，提髋提膝小腿迈，跟落掌接趾推送，双眼平视背放松。"

走路时最忌内八字和外八字，更不能歪肩晃膀子或弯腰驼背，不要步子太碎，也不要大甩手，也不能双腿过于弯曲，走路不成直线，脚蹭地皮，双手插裤袋里。

睡姿

古人说："寝不尸"，即睡觉时不应像死人尸体那样，手足展开面朝天，而要侧卧，微屈身体，即北京人常说："睡如弓"；还说"寝毋伏"，就是睡眠时不要俯伏在床上。

在日常交往中，躺卧姿势很少见，一般在家午睡或休闲时在家，还有生病不起时才躺卧。躺卧姿势讲究，一定要看场合、对象、健康情况而定。在一般情况下，只要有外人在场，就应尽力避免躺卧的姿势，更不能四仰八叉如尸状。

相见礼仪

相见礼在古代礼节中是很重要的礼仪，就是两者相互见面时的礼节。礼节是人们思想观念的反映，它规范着不同人群的日常生活，见面之礼有着丰富的文化内涵。

古时礼俗

趋：是古人在生活中，遇到尊贵者、前辈或宾客表示恭敬的一种礼节。其姿态是低头弯腰、用小步快走的方式，向来客表示恭敬的礼节。这种相见之礼，在现代生活中也是常见的，但已经不再意识到这是行"趋"礼。由其晚辈青年人，见到老师或长辈从对面走来，都要小快步上前招呼问好，而不能爱理不理的，显出冷淡。

拜：在笔者幼年，还常见一些膝拜之礼，特别是节日。年初一，要先给师傅全家长辈屈膝跪地行三叩头礼，小徒弟给师傅和师兄三叩头，然后再给沿街同行业的师叔、师伯、师爷等去拜年，半日下来已头晕脑涨。平时见面就称呼对方即可，不在行礼拜了。可是听戏，常见跪拜礼。在做官府门及有钱大宅门里，拜礼在清末民初仍旧盛行。

我曾奇怪为什么总行这种累人的礼节呢？好像人的膝盖就是用来跪着的，跪之不足还要叩首以拜。后来我看了些书，无意中解决了我的疑问。

　　原来古时没有椅子、桌子之类的家具，只能席地而坐，不管地位多高，也是铺上一块席子坐地上。人们在学习、谈话时都坐在地上，因此跪、拜就成为自然的礼节方式了。

　　人们在学习和吃饭时也是席地而坐，但却制造出来小木几放在席上，用来吃饭、学习等，但不像今日桌子那样大。一直到汉朝后期，少数民族的胡床传入，行军时用也很方便，当初曹操就在胡床上指挥战争，之后胡床转变为木椅，有了椅子，就得有高的桌子才适应，小几小且矮不能胜任。从此人们就离开了席子，但因席地坐生出来的跪拜礼节却继承下来，直到辛亥革命才在正式场合革了拜跪的命，但并没绝迹，只不过限特殊场合了。

　　在过去的跪拜礼节上也有规范，要求行礼时屈膝跪地，拱手于胸前，与心相平，然后手扶地，接着磕头到手部。此拜礼叫"空首"也叫释手，头不着地。拜礼还有许多规范和忌禁，就不一一叙述了。

　　拱手：亲友相见时拱手以拜。亦称做捧手，双手合抱举至胸前，立而不俯，以示恭敬。拱手礼古已有之，一直到现在仍然在一些场合上拱手相拜。

作揖：作揖之礼，而今有人在庙里烧香时仍用这一礼节，先作揖，后叩首。我幼时还是常见的。而今在追悼会上也有行此礼的。

作揖的礼态是两手抱拳高拱，身体略弯，向人行礼。若是参加追悼会，与人作揖时，或退或进都应离开原位，再曲身作揖，不能原地不动。即《礼记·曲礼》所说"揖人必迎其位"。

旧北京各胡同的门前经常见到主人送客或迎客人时，都在门前相互作揖，边揖边道别等。另外还有年轻见岁数大的人时，站立俯身一进，双手相合高高举起，从上至下毕恭毕敬，这种作揖之礼节，称为"长揖"。古代的行揖礼名目繁多，不再多述。

现代礼俗

握手：是当今最普遍的见面礼了，见面都习惯握手，分别时也要握手送别。同时握手也表示谢意。别人取得成绩获奖时，颁奖者和获奖人握手，以表示祝贺。握手贯穿着各种场合的社交往来。

握手虽是很平常的见面礼，但其起源于古代。原始社会人们狩猎和防身使用的武器就是石块和木棒，那还是"刀耕火种"的时代。在生活中人们要遇到陌生人时，若双方全无恶意，就伸开自己的双手让对方抚摸手心，以表示友善。这种用来表达友好的做法，就由此流传了下来，到现代成了握手的礼节。

还有一种说法，握手是源于中世纪交战的骑兵，在向对方表示和平时，就脱去右手的甲胄，因当时骑兵除眼睛外，全身都包在甲胄里。脱出右手甲胄，把手伸出，以此表示自己没有武器。总之都是用来表示亲善的动作。

现代握手其含义是多样的，除表示亲切友好外，也表示见面的寒暄、告辞时的信号，对他人的感谢、祝贺等。

在我们伸出手来表示友好时，要区别对方具体情况，否则也会失礼的。

和女士握手，男士要先等女方伸手后，再上前去握手，不应主动握手；和长辈握手时一般年轻人要等长辈先伸出手来；你若是接待客人，就要先伸手，无论客人男女，以表示主人欢迎来宾。

握手仪态应两脚立正，双腿并拢；脚展为八字形，上身略前倾，肘关节要抬至腰部，目视对方伸出右手，身距受礼者约一步远。伸出的右手要四指并拢、拇指张开和对方相握，要求态度自然，

北京礼俗

面呈微笑。

握手时一定要做到握时应紧，不能有气无力，用五指握住对方手掌，时间不宜太长。在握手时不可边握手边东张西望或斜视别处，这些动作都是不尊敬朋友的表现。

男士和女士握手，应握着女方手指部分，不宜握得紧或时间长。男士间相握可握得紧和时间长些。还得看双方关系，一般人、一般场合双方握手时稍用些力握一下就可以放开，关系密切又久未相见，双方握手时可上下摇动，表示热情。

握手前如果戴手套，在握手时应脱下手套再握，若来不及也要表示歉意。

握手是日常交际中最基本的礼仪，人们都有必要注意自己的握手仪态及注意事项。

鞠躬：鞠躬礼节自古就有了。在《礼记·曲礼上》就说"凡遗人……尊卑垂帨。"其意是说，赠送平辈东西时，授予者和接纳者两方都要相互鞠躬。

现代鞠躬礼节是表示对别人的恭敬。适用于庄严场合，也适用喜庆欢乐的场面，还适用于一般社交活动。

鞠躬有两种仪式，一是三鞠躬，亦

称最敬礼，在礼态上，应脱帽、摘围巾，身体立正，眼光平视，上体弯曲约九十度，后恢复原状，连续三次；二是一鞠躬，在一切社交场合，晚辈向长辈、学生向老师、或同事之间等，都可以行一鞠躬礼节。行鞠躬礼时，身体上身向前倾斜在15度左右，随后恢复原态，只做一次，受礼者若平辈应随之还礼，长辈、上级，对晚辈、下级，欠身点头即可。

我国一般人在婚礼上，实行"新郎新娘三鞠躬"礼仪；在悼念活动时，向遗体告别行鞠躬礼，还有上台领奖、演说、演员谢幕等。

原来日本人在相互见面时，一般不握手，都习惯行鞠躬礼，成为他们的礼仪习惯。有人统计电梯女司机，每天向乘电梯乘客鞠躬次数达两千余次。而今日本人的鞠躬礼也不盛行了，年轻人也很少实行这个礼节了。

致意：在公共场合，由于相互距离较远，遇到了熟人或亲友，一般是以动作向亲友致意即举右手打招呼，并点头示意。除此外还有起立致意，在正式场合，长者、尊者来临或离去时，在场者立起表示致意，在家中晚辈正坐着，见长辈、上级进屋时也应起立，以表示自

北京礼俗

北京礼俗

己的敬意；脱帽致意：在朋友或熟人见面时，若戴着帽子，则用脱帽致意较为适宜，其仪态是一只手脱下帽子，微微欠身，将帽子放在大致和肩平行处，同时交换目光。此外还有点头致意、微笑致意、欠身致意等，这要看具体场合，可随机应用。

作揖礼节在旧时盛行，而且北京在清末时握手礼极为少见，只是在留学或国际交往中用。从解放后起，以握手代替了作揖，但在老年人中，不少人仍使用。

目前，在北京行作揖礼节的场合有：

节日团拜礼节，机关、企业成员在节日相聚相互祝贺时，还常用作揖礼，领导向大家还礼两手一拱，转半圈，俗称：罗圈礼。作揖时伴有寒暄语，如祝贺同志们新年好等。

节日主要是春节年初一，邻居、亲友在相见时，口呼：新年好！万事如意等，并作揖祝愿。

在一些领导参加的订货会、售货会、签字会上，厂长、经理向兄弟单位作揖致意，"请多关照"等，边作揖边说寒暄语。

情感礼仪

形体仪态在前边主要谈了坐、立、走、卧等四个方面，还有相见礼态，这些侧重于人体的动态礼节，而情感仪态，则侧重于内心情感的动作，即感情流露，也可称之为"情态语言"，是一种无声的语言，它包含手势、眼神、笑容、言谈姿态等。

手势

在评剧大师梅兰芳的表演中，无论他扮演的杨贵妃还是各类妇女的形象，都给人以美感，国内外评论家称梅兰芳是美的创造者。在这些赞誉的评论中，有不少文章都是写梅兰芳在演出中的手势，具有天然巧得的造型美，称得起是多种美的杰作。梅兰芳的手势美，每一指一举，都表现出人物内在的质地和情怀，充分调动了手的特殊功能，人物的性灵和神奇的魅力，都是通过他的手势产生的。他那各种优美的手势，表达了人物心灵的触角和指向，真是做到了"心有所思，手有所指"。正如某作家所说的："在泄露感情的隐秘上，手的表示最无顾忌的。"梅兰芳在杨贵妃醉酒后心态的表演中，手势达到了惟妙惟肖的作用。

在古代诗文里，对手的外形情态，就有很多的美称和比喻。如："葱根"、"红酥"、"香凝"、"素素"、"纤纤"等比喻和形容手的白嫩、温润、柔和及其修长、纤巧等秀美的特征。

手的功能不仅仅有劳动创造的美，而且是人的情感主要表达的工具之一。手与眼同样会说话。哑巴失去了语言能力，则用手势来代替说话，也同样能表达出微妙细腻和复杂的情绪。据语言专家研究统计，能够表现手势动词的就近二百个，如：拍手称赞、拱手答谢、合手祈祷、招手致意、握手问好、挥手告别、摆手拒绝、手指是怒、手抚是爱、手搡是恨、手甩是憾、手捧是敬、手搂是亲、手遮是羞、手颤是怕、手屈是叫、举手为赞、垂手听命等等。说明手是在交往中不可缺少的，是富表现力的。"情感语言"，做得适度，会加强交往中的情感作用。

在和客人谈话时，手势动作不宜过大，也不宜太多，能使人有文雅、含蓄、有礼的感受。在手势中，手心向下，意味不够坦白，少诚意；手向上富有诚恳、尊重他人的含意。握拳暗示进攻与自卫、愤怒。用手指点人，是引起对方注意，有教训人的意思。

在生活中有人用拇指和食指弹出"叭叭"的声响，这动作叫"捻指"，若无人时，一时高兴响几个"捻指"也无可非议。但要是在女性面前"捻指"，"叭叭"地指响，就是轻浮的下流动作，流里流气。在不熟悉的人面打响指，人家会以为你没教养，甚至想找碴打架。

了解手势作用，在日常生活中、谈话中用手势时，要了解手势的情感语言，要注意分寸、场合和谈话对象，用恰当手势在谈话中适当运用，会在交际中起到锦上添花的作用。相反，用得不当或误用，也会招来对方的烦恼，所以慎用为好。

眼神和笑容

我们有时会听到人家说某女士，长着一双会说话的大眼睛；也常听到北京的老大妈在说某姑娘长得俊时，往往会说："那双大眼别提多喜人了！"眼睛虽不会说话，可眼神、目光却能表现心底的情感波澜，欢喜、烦躁、愤怒、安详，能表现出"情态语"。眼睛是心灵的窗口，眼神的目光会流露喜、怒、哀、乐，称之为"会说话的眼睛"，就是眼神目光

北京礼俗

所流露出的"情态语言"。说姑娘长得俊美，先夸眼睛，说明眼神是最富表现力的一种美感。

在饭馆里、在酒吧间往往会看到两人动手打得头破血流，难以解决。打架的原因简单的很，是一方用眼光"盯视"对方，即往死里盯人，对方因此大打出手。可见目光如死死"盯视"人，就会惹是生非。眼神仪态的重要可见一斑。

眼神若死盯对方的眼睛或是身体的某一部位，是非常不礼貌的，并且也显得你神经不正常，呆钝无神。眼神若东张西望、南瞟北看，就显得漫不经心，是和朋友谈话时的大忌。

有修养的人彬彬有礼，与人交往时眼睛流露出亲切、安宁的目光，绝无怠慢之意，绝不咄咄逼人。有教养的人，在各种场合能克制住自己的感情，决不轻易让眼神流露出来感染周围的人。相反，一些心胸狭隘的、缺少礼教的人往往会轻易地流露出斜视、瞟、睥睨的目光。

眼神的仪态是多样的，如傲慢的冷眼，使人不好接近；平和热情的目光，是友好和善的流露；明亮欢快的眼光，是胸怀荡荡、乐观向上的表现；贪婪的眼神，显出欲壑难填的本性；犀利的眼睛，是智慧、有力的象征。如此等等不一而足。

有一位男士，多次交往女友，总不成功，在搞对象时，往往见一次面就告吹。什么原因呢？原来此人有一双"眯缝眼"，看人时总是色眯眯的，尤其一见女人那样子更是令人作呕，让女方一见，就以为他不是正派人。其实此人并非那样，就是他那意味深长的"眯缝眼"引起的误会。

当然，眼神也不是一单一的，经常会随着情感的变化而变，有时多种眼神交织在一起，因此要善于观察，捕捉对方目光流露真情的一刹那，给予必要的回答。

但是，眼神毕竟能表现人的内心情感，在长辈面前，目光略为往下，显出恭敬；对子女，一般情况下会流出和善、慈爱、宽厚的目光；在好友面前，目光就会坦荡、热情等等。

总之，作为心灵窗户的眼睛，在与人交往中的眼神是非常重要的，在感情交流中，起着重要作用，一定了解各种眼神所代表的各种情绪。但是，控制和流露什么样的目光，是人的思维修养，掩饰只能一时，绝不能持久。因此，首先要做一名有文化教养的人，才是各种情态表露的关键。

笑，也是一种无声的"情感语言"。和眼神有同样的功能。

北京旧时要求未婚女子要"笑不露齿"，也就是微笑。因为微笑是最富有吸引力、最有价值的面部表情。微笑表现着善良、诚心、谦恭、和蔼等最美好的感情。因此，微笑在交往中可以传递感情、沟通心灵，拉近彼此间的距离，消除眼生和拘束。老师对学生一微笑，可消除学生的紧张感，增加对老师的信任；服务员的微笑，使客人有宾至如归见到亲人的感觉；上级领导对下级微笑，使人会感到领导平易近人，会消除顾虑向领导汇报思想和工作的问题，敢于提建议、意见与不足之处。在外交上，把微笑视为第一交际语言。

微笑不是虚伪的，要出自内心的坦诚，微笑才有上述的威力。假心假意、故作笑颜的微笑，往往会不适时、不适地、不适度。

娇笑、欢笑、苦笑、冷笑、诌笑、狞笑、狂笑、讪笑、讥笑、耻笑、鄙笑、大笑、奸笑、傻笑等各具形色的笑，都是在用"情感语言"来叙说你内心情怀，展示着你为人对事的态度。

　　有的女性往往不注意修饰自己的笑容，在大街上、汽车上就哈哈大笑，甚至涕泪皆出，实在是不太雅观，男人也如是，总要讲场合、地点。有的女人在和人谈话时，往往在口角上拉起一丝微笑，使人感到了她的虚伪之情，有的则捂着嘴笑，吸着鼻子冷笑，都会给人一种小家子气的印象。不管男女都不宜在正式场合放声大笑，不能边看人边笑，使人误会，都是失礼的行为。

　　著名唐朝诗人白居易在《长恨歌》一诗中写道："回眸一笑百媚生，六宫粉黛无颜色。"他写杨贵妃这一笑，使皇帝所有的宫女都没了色彩，可见这笑的威力之大、动人之美。虽有夸张，但这笑容肯定是美丽动人的笑，有如桃花初绽、涟漪乍起，给唐明皇以温馨甜美之感。不单是唐明皇，任何有理智的人，看到这发自内心的"回眸一笑"，心中也会感到甜美和快乐。

　　有的女性不仅会用眼睛"说话"，还会用眼睛笑。其表现是用"眼形"笑和用"眼神"笑。那是因她们心内充满温和厚爱时，就双颊微鼓，嘴角内边显出微笑口型，同时眼睛也就露出微笑；当放松面肌恢复原貌时，可那目光依然脉脉含笑，此时是眼神在笑。

当笑时不笑或无节制的狂笑大笑，都会影响生理机能，甚至生病。正常的笑有利于健康。侯宝林在相声中说的"笑一笑，十年少；愁一愁，白了头"，是有道理的，说明笑与健康的关系。相传有个大官，得了忧郁症，请了一位名医给他看病，医生给他切脉后，严肃地说："您患了月经不调症"，官员听了不由哈哈大笑，心说：这是什么名医，真是糊涂透了。医生走后，他每想此事就不禁失笑，谁知不久他的病在笑声中好了。

虽是个笑，但是，笑确有"移情"的作用，可以乐以忘忧，带来美好的心情。

笑，是美的，是感染人的，是有利于健康的；但是，笑，是讲场合的，不能虚伪的；笑，是内心的无声语言。愿您讲究笑的艺术，要做到会笑、笑的适当、笑的美。

言行礼俗

言，是指说话的礼仪；"行"，这里是指行动、动作的礼仪。

旧时私塾的学生必读课本有《弟子规》，这书中就详细规定了学生在言谈举止方面的礼仪规范，如其中在尊敬长者方面的要求是"或饮食，或走坐，长者先，幼者后"等等。

老北京做父母的，见孩子乱动，就会训斥孩子："坐没坐样，立没立样，不懂礼仪，别这么没正经，弄得人嫌狗不待见的，让人家说咱们家没教养！"这套训斥孩子话，我在好些场合，特别院里、街上，都听说过多次。讲究动作礼仪，讲究礼貌说话，是老北京的一个优良传统。

说话

语言是联络感情的工具。说话，最能够表现一个人的文化素质和修养程度。在人际交往中，文雅、和善、谦虚是应有的礼仪品德。

要做到说话的仪态美，首先要尊重对方。战国时代的孟子说："爱人者，人恒爱之；敬人者，人恒敬之。"尊重对方也是尊重自己，在交谈时要大方直视对方的眼睛，用心听对方讲话，不能是无所用心、眼睛乱看、躲躲闪闪。目光一定要温存，不要"死羊眼"盯着人家，要让人觉得亲善、自然。听清对方要说

北京礼俗

北京礼俗

的主要观点，进而思索，若有看法，可以平心静气的和他交谈，切忌急燥。要善于听人家讲话，目光要注视对方，即使对方说的观点不对，或者说话啰嗦，也要聚精会神听对方讲完，不要打断对方，而用委婉的方式转移话题或阐明自己的想法供对方考虑；谈话时声音优雅，话音高低及其内容，都要和笑脸相应。此外，神态要自然大方，表情要真挚专一，词义要恰当。有道是"良言一句三冬暖，恶语伤人六月寒"，不注意分寸，就会使对方无法接受。

有个干部，在向厂长汇报工作时，那位厂长在屋里背着手来回走动，有时和汇报者距离很远，那位干部脾气也急，没汇报完就走了，狠狠地把门撞上。他认为厂长看不起他，嫌恶他。这件事说明，在语言交流时，应保持一定的距离，办公室内只两人，应距离近些，那厂长的做法，显然是有失常礼了。在别人印象中，他是摆官架子，看不起人。

无论有客人谈话或在公共场合，吃饭时都不宜大吃葱、蒜，使对方闻到刺鼻的异味，最好在谈话前不吃这些辛辣食品，否则，离人家太远、太近都不礼貌，甚至令人反感。

另外，在谈话时最好不夹杂地方土音和土话，使人听不懂；语调要热情、优美，富于表达力，不单调和不说车轱辘话；说话速度要适中，不快、不慢；声音控制得当，不要矮老婆高声，也不能语声如蚊；要具体情况具体处理，如二人说"悄悄话"等，对这种形式的说话，除了应避免不雅的举止外，说话距离完全随意，面对面"低头私言"都可，不使对方讨厌就行。

动作

在工作和生活中，经常有很多事要做，动作的优雅大方，也需要注意培养。

有的人走道、立、坐都很注意自己的姿态，可是一上楼梯，就大哈腰，成了大虾，和他平时判若两人。起初还以为他身体不好，或腰部有病，后来才知道他就这毛病。一看他上楼，他本来不错的体态形象，一下子就减了分，这就是上楼动作不美造成的。因此，在上下楼时背要伸直、膝部弯曲、头正、胸微挺、臀要收，动作就优美了。

有一位70岁的长者，在从地下拿小板凳时，臀部高耸，头朝下大弯腰，手刚挨上小凳，就晕倒了，住了两月医院才好转。

北京礼俗

在从低处取东西时，如那位老人的姿势，使血涌头部而病发，这种取物姿势不仅不利于健康，而且也不雅观。在向低处取东西时，若是脚稍分开些，站在要取之物旁边，慢慢蹲下屈膝去取，不大弯背低头，不仅有利于高血压患者，其取物的姿势也较为美观。

一次有个木工的锯被人借用一会，那人用后还锯时，一手拿着锯，锯齿朝外，正好木工的徒弟心不在焉地伸手一接，恰巧被锯齿划破。这主要是递物时不懂礼物，他应把锯拿在胸前，锯齿要朝里，双手奉上；接物的人也应两手去接，五指并拢。这两人在递物和接物时，都不按规矩，这样不仅动作不美观，还发生了工伤事故。

待宾礼俗

迎客

我国是礼仪之邦，孔子就说过："有朋自远方来不亦乐乎。"自古就有："拥彗之礼。"彗就扫帚。宾客来时，仆人双手拿着扫帚躬身于门前迎客，意思是表示家中已打扫干净，敬请客人光临。尊重的贵客来临，为表示敬重，都必须出城去接待，称为"郊迎"。

一般通行的礼节是，当客人走近时，要忙向前迎上，要说一些简单的欢迎辞。旧时士族都说："迎接来迟，请恕罪!"、"欢迎大驾光临"，一般都用"欢迎光临"这句欢迎辞，一直沿用当今迎宾场合。

如果来不及亲迎客人进来了，就用带有表示歉意的词句，如："失迎! 失迎"、"有失远迎"等。如果来宾很久没见面、没联系了，就说："久违，久违"、"久未见君，别来无恙"等语。如若表示敬仰、关心，又是初次见面可以说："久闻大名，如雷贯耳"、"传闻不如一见"、"千闻不如一见"、"闻名不如见面"等谦词。

旧时有钱或做官的人，迎客时要按等级，哪级的宾客，用哪种礼节对待，礼节繁多分三六九等。皇家见使者及外宾，来人得到"中山公园"内的"习礼厅"去学习礼节，才能面君。一般人家宾客，大都在门前接待即可，旧京来宾，有骑马坐轿的，轿分官轿、民轿两种，有乘四轮马车的，民国四轮马车较多。一般人家的远宾有骑骡、骑驴的，后来是人力车，再往后就是三轮车，还有电车，北京俗称唰唰车。

客人如果手提沉重的物品，晚辈要紧走几步赶上，主动把物品接过来提。

若是点心匣子、瓶酒、果品蒲包等礼品，就不上前接过来，待客人示意后再去接提，并虚心道谢。

待客

客人走进室内后，应把最好的座位让给客人坐。客若是初来，应给家人做介绍，并问候。然后先给客人沏茶、上点心、水果。茶水不要倒的过满或太少，要适当，有八分满即可。在上茶时，不可用一只手端茶，必须用双手敬上。客人若是长辈，晚辈要礼貌，充满尊重之情。如长辈间在一块谈话时，晚辈应告辞退出，不要影响长辈谈话。

全家人要把宾朋来访看作是家中的喜事，要在一切活动中，表现出主人对客人的真诚和热情。如客人杯中的茶水喝了几口，主人就要斟上，决不能等到杯中茶叶"见天"，未干斟茶也表示出茶未尽慢慢饮慢慢叙之情。当然客人在主人斟茶时，也不能无动于衷或只顾说话，而要微欠身形，表示有礼。

旧时北京除了为客人敬茶招待之外，还有递烟敬宾礼仪，旧时用烟袋敬客，递烟袋时要用净布擦擦烟嘴，装好烟丝，给客人点烟。点烟时忌用一根火柴连点三支烟。

在待客过程中不可显示一点不耐烦的样子，不能让客人坐在一边自己干别的事，不要看表、打呵欠，否则等于在下逐客令。

对宾客除了茶、烟招待外，还要以宴饮方式款待客人。在宴饮中要讲礼仪和俗规，不但主客坐次有尊卑之分，还要禁忌各种忌语。用专门待客的礼貌用语，如"略备水酒，清赏光"。设宴招待远方客人，称"洗尘"、"接风"等。男客由男客作陪，女客由女客作陪。主人若不善饮酒，可找亲友或邻居作陪，主人要先向客人敬酒，要"先干为敬"，以表示对客人的热情和欢迎，尽力劝客人多饮。

当一切招待完毕，客人告辞时，主人一定要真诚挽留，或留住数日，但也要尊重客人意见，不可强留。以误客人工作。

送客

送客，是礼宾待客的礼仪中的一个重要环节之一，是和迎客相对应，迎客是待客礼仪的开端，送客则是待客礼仪的最后一个程序，意味着待客将告一段落。

当客告辞时，除了婉言相留后，客

人执意要走，也要等客人告辞时再站起来相送。不是常客或是老年客人，一定将客人送（扶）到大门以外，道别后要目送来客远去再往家走。万不可刚和客人道别，转身而回，更不许客人前脚刚走不远，后边就立即关大门，关门声响很大，若被客人听见，就失礼了。

送别时最好全家出动（除病人外），以示热情，对待宾客一定要有始有终。

除家庭宾客辞别，在旧时北京，尤其大户人家，在长期礼尚往来送客辞行的过程中，对主客的身分、地位、主从关系都有严格的区分。此外还注重彼此间施礼敬意的表达方式，要结合不同情况、内容，送客告别应用较恰当相适应的告别语，以表示敬重和不舍分开的情意。如一般分手辞行称为"告别"；若两手抱拳高拱，身躯略弯作别，称"揖别"，这是旧时京城常见的辞行礼；亲吻而去称"吻别"；两人恋恋不舍称"惜别"；握手告辞称"握别"；挥手自兹去为"挥别"；叩拜辞身称"拜别"；设宴辞行为"饯别"；前往车站送行为"送别"；永远分别为"永别"；临别赠礼品称"赠别"；致谢告辞称"谢别"；走时留言为"留别"；长久分别称"阔别"；

离开而去为"抛别"……由此可见，不论哪一种话别的词句，都有一定的含义，都有礼仪文化的内容和气氛。都非常生动、凝练、形象，使主客双方都久久不忘。

旧京人家，送贵客时，由家长率全家男人送到大门，再表示多谢之意，宾客微微一笑或点头即上轿或登车而去，然后全家方回，但女人就不送了。老师或长亲、世交告辞时，全家都要挽留后堂用饭，若无约定，长辈就说："另有约会，必须前往。"此时，家属侍立庭前，长辈说："请回"二字后，家属即告退，全家男人恭送到大门以外，待长辈登车或上马告别才回来。若送平辈较方便，你来我往，有事相帮，或无事闲谈，一般坐会儿就告辞，也可吃完再走，家中长辈也不用作陪，临行时，兄弟们送出大门，挥手而去。总之，在送客时，以体现主人的质朴淳厚、热情喜客的精神文化素养及风貌。

从迎客、待客、送客中，这些礼仪之风，源于古代的礼教文化，表现东方民族的温文尔雅的气息。在不同场合、不同对象的礼貌用语，至今在北京的社交文化生活中使用，虽有言词的变化，但这等热情相待、平等相处的家庭待客行为准则，仍为北京人所奉行，显示着首都人民的文化素养水准。

书信礼俗

书信是一种社会交际的手段，书信可概括为两大类：一是用于私人交际方面的普通信件即书信，二是用于公家事务的交际关系的专用书信。这里我们主要介绍一般私人应用于交际关系的书信。

通信方式

过去通用竖式的信封，现在很少见到了，今天一般使用横式的标准信封。在信封上应整洁地、准确地写出如下内容：

收信人的地址必须写详细，若寄城市的信件，必须写清收信人的所在的省（市、自治区）、市（县）、城区和路、街道的门牌号码，若住楼房，还要写上室号；寄农村家中的信，要写清楚省、县、乡、村；寄给收信人工作单位的，不仅写清详细地址，还要写明单位名称及具体部门。

横信封书写收信人的地址，行序由上而下，字序由左向右。竖信封行序由右向左，字序由上往下。

信封上边写完地址后，再写上收信人的姓名。一定要写全名，不可简称"老王"、"老李"之类，因同一单位同姓者有几位，结果谁也不敢拆信。在写完收信人后面，空两个字的距离，根据收信人情况，写上"先生"、"同志"、"女士"等字样，或在称呼后面写上"收"、"启"等。

写完收信人的地址、姓名后，在下边（横信封）写上寄信人的地址和姓名。日常中不少人对此不够注意，只写地址不写姓名，或只写"内详"等，如果对方由于迁址或其它变动时，信就不能收到，收信人收不到信，邮局无法退回，就会误事。

现在我国已使用统一邮政编码，为使信件正确、迅速的传递，必须使用标准信封，并在信封正面的左上方空格内，用标准字写上收信人的所在地的邮编号码，每空格填写一个数字；在右下方写上自己所在地的邮政编码。然后贴足邮票，横式信卦贴在右上角，竖式信箱贴在左上角。

若信件重要可办挂号信，需交挂号手续费；信件如果超重（每封信应在20克之内），还要增加邮费，否则，信被退

北京礼俗

回，耽误信件的投递时间。

在书写信封时，需用毛笔、钢笔、圆珠笔书写，不要用铅笔，因模糊不清误事，更不能用红色笔书写，否则从古到今都认为是绝交信，犯了忌。

信中的称呼

信封中的信瓤，就是信里的内容，亦称信文。信文的内容通常由抬头、启辞、正文、祝词、署名、年月日等部分组成。

抬头，就是我们对收信人的称呼，称呼应该顶格写出，独立一行，这是表示对收信人的敬重。在抬头的后边加上冒号。这是表示有下文禀告。

抬头的称呼，有几种书写的方法：可按平时对收信人的习惯称呼，如老王、小刘、大张；一种是姓氏加上称谓词语，如李同志、张伯伯、王女士等；还有姓氏后边加上职衔，如王工程师、张总经理、李处长；还有人名后边加称谓词，如志民兄、大琴姐、小刚弟、德成先生。这样加称呼显着亲近。如单用名字也可以，但必须是同辈人或好友。

过去人既有名，又有字，幼辈对长辈，下级对上级，是不能够称名的，那样会认为是大不敬。古代平辈之间，都称表字不直呼其名。名只能用于自称，而今一般不再使用表字，所以就无所谓了。

在称谓前用修饰词，是始于现代化口语书信，如尊敬的某某先生，敬爱的、可爱的某某。在文言的书信中，常见的称呼有如下几种：

令尊、令堂：对别人父母的尊称；家父、家严、家母、家慈：对自己父母的尊称；考妣：指父母，一般情况，在生前叫父母，死后叫考妣；泰山、泰水：对岳父、岳母的尊称；令兄、令妹：对别人兄妹的敬称；家兄、舍妹：对自己兄妹的雅称；令郎：对别人儿子的敬称；东床：旧时对女婿的雅称；内室、内人、拙荆：丈夫对妻子的称呼；夫婿、郎君、良人：妻子对丈夫的称谓；老师称恩师、先生、夫子；学生称门生、受业；学校称寒窗，同学称同窗；对自己称愚、鄙人、晚生；父死后称先父、先严；母死后称先母、先慈；同辈死后称谓上加"亡"字，如亡妻、亡妹等。这种称呼今天很少见了，只有六七十岁的旧式知识分子写信时往往还这样称呼。但也少见。

信中的形式

信中的一般形式有如下几个方面构

成：

除了前边说的台头称呼外，还有"启辞"，即开场白，首先客套寒暄一番，简单把写信原委说一下，然后再说正文。现在一般信中的启辞只说"您好"二字，不过太简单了，公式化了。

信文：就是写信人要说的话，也是信中的主体。在写正文时，要从另一行写起，启辞若简单，信文另起一行，从第二行写起，前面要空两个字，写完这一行接写另一行就要顶格书写。在信中可写一事，也可写几件事，根据内容适当分段，写信的内容不同，只要把事情表达清楚了，也就达到了写信的目的。但用词要注意准确，以免引起误会。

正文写好后，又发现还有的事没有说完，可以补充在信文结尾的后边，在写遗漏事之前，并在附言的前边写上"又"或"另"字样，也可在附言写完后写上"再启"或"又及"字样。

祝辞：即书信写完后结尾时，对收信人表示祝愿、勉慰、祝贺等用的短语，就是祝辞。根据收信人情况，祝辞也不同。

一般书信用于朋友之间或同辈可用：顺致、此致、近安等等。为突出祝辞，可将"此致"等独占一行，空四格书写，而将"安好"、"顺利"等，另一行顶格书写。

对长辈可用："恭叩"、"敬祝"、"敬颂"等。对父母：颂祝、金安、福安等。

对晚辈：顺祝、盼望等

另，平辈亲友间，可按四时写祝辞，如："暑安"、"秋祺"、"冬绥"、"春悦"等。

总之，祝辞可根据情况、时令的具体情况而定，如节日期间，可用"节禧"、"新年快乐"、"新春愉快"等，也可根据对方的职业书写祝辞。如对编辑，可写"编祺"、"编安"。对作者写"撰安"、"笔健"等。要根据辈分、时令、职业等等不同情况灵活运用，表达出恰当的祝辞即可。

署名：在正文结尾的右下方把写信人的名字写出来。若对熟悉的同辈亲友可写名字，不用写姓，或在名字前面写上自己的称呼，如：弟、兄等；称呼和名字之间不要写在一起，可留一个或半个字的空间。署名后面可写启禀词，也可以不写。经常用的启禀词，若对尊长可用：叩上、拜上、敬禀、叩等；对平辈可用：敬上、鞠启、亲笔等；对晚辈：

示、字、手白等。在署名和启禀词的后面，写上年、月、日。

以上是信中的形式，此外，一定要根据对方的身份、经历、文化水平和不同的实际情况，从实际出发，写好正文，否则让人觉得不妥或不懂礼貌、产生误解。

北京礼俗

家庭礼仪

古人说："治国在于齐家，齐家在于修身"，齐家，就需要在家庭中，建立一些礼仪规定，成为约束家庭成员生活的一种力量。

尊祖礼仪

封建家礼，往往以家规、家训、宗规、宗约等等为其表现形式。不同的家庭由于地位、传承、经历等方面的差异，因此所定的家礼各有特色，到清末民初时期，更是形形色色，但更多具有共性的是其指导思想，即以"三纲"、"五常"为核心的思想影响，仍贯彻儒学亲亲尊尊、父慈子孝、夫贤妇随、兄仁弟悌的基本精神。

居家事祖

我国从古代起就有早婚的习尚，因此几代人同堂是司空见惯的事。

作为家庭中的孙辈，包括孙媳们，每天在天亮前就得起床，洗漱穿戴之后，依照顺序一块儿到祖辈的住处去请安。

北京礼俗

祖辈起床后，孙媳们摆上早餐用具，用餐时孙辈们先请示祖辈喜欢吃什么，要根据祖辈需要供上食品。等祖辈用筷子夹菜时，孙与孙媳们才许退下就餐。平时也要侍奉在祖辈左右。

在祖辈面前，说话不能粗声大气，不能左右巡视，不能无精打采。走路不许大摇大摆，坐着不要两腿分开，劳动时不许赤背露体，即使三伏天也如是。

在为长辈安放坐席时，要先问朝什么方向。凡是南北向的席位，以西方为尊位。东西向的席位以南方为尊位。听祖辈讲话时，表情要端正，态度要虔诚。不可随便插话，也不要随声附和。

陪祖辈用饭时，祖辈若亲取菜肴给孙辈时，孙辈则应先拜而后食。吃饭时不许只顾自己吃饭，不要把多余的菜放入碗内，吃时不许啧啧有声，不可大口喝汤。吃食完毕，立即收拾桌上碗碟，或交给下人，然后再坐下。

在封建大家庭里，子孙受到尊长的呵责，即使尊长说得不对，子孙也得俯首恭听，也决不许分辩是非。如果祖辈屡教不听，仍不改悔，那就要受到罚跪、杖责等处罚。如殴打祖父母，那就是犯了重罪，就要"鸣官押扞，并请治以死罪"。

祖辈对于孙辈也应慈爱，不能动不动就打骂，使孙辈不知所以，也不能冷言秽语，使其无处容身。如果孙辈有了过失，祖辈应循循善诱，多次劝导，在万般无奈的情况下，才能加以体罚，使知羞耻。祖辈要对孙子们一视同仁，不得偏疼偏爱。

居家事祖的礼节规定，目的是让孙辈和祖辈在共同生活中，晚辈通过敬祖和精心侍奉，培养敬祖尊老的思想观念，以巩固家庭中隔代人之间的亲情。

尊祖自古以来就是我国的优良传统，历代都流传着尊祖的故事。如晋代李密，是武阳人，父亲早死，母亲在他四岁时改嫁，他和祖母相依为命。祖母有病，他含泪服侍左右，用餐服药，寸步不离，累了就躺在祖母身边，从未解衣。后因有才出名，皇帝下诏为太子洗马，但李密以祖母年高，无人奉养，拒不从命。他在给晋帝的《陈情表》中写道："臣无祖母无以至今日，祖母无臣无以终余年，母孙二人，相依为命，是以私情区区，不敢弃远。"后来祖母去世后，才出来为官。

宋代的童八娜，系通远乡建奥人。

北京礼俗

一天有只老虎突然闯进她的家门，把她的祖母衔去，在这紧急时刻，她勇往直前地上去，用手死死拽住老虎的尾巴不放，老虎不禁大怒，松嘴放下了祖母，扑上去把八娜衔去了。

敬祖在近代家庭也是非常强调的行为准则之一，无论大户人家和一般家庭，对历史上尊祖的人物事迹，都得以颂扬和载于史册。

祭祖礼仪

老北京人非常重视血缘的传延和继承，他们把祖先奉若神明。祖先首要的功绩在于繁衍后代子孙。没有祖先，也就没有后人。所以祖应受到崇拜。祭祖的礼仪，在一般家庭里是重要的礼仪，特别是大户人家，祭祖的礼仪是十分隆重的。人们认为死去的祖先，是有能力对儿孙保佑赐福，维系家庭的安宁、和睦和兴旺。因此，祭祖成为家庭中的"人生第一吃紧事"。

祭祖的场所是在祠堂。凡几代同堂人丁众多的大户人家，大都拥有祠堂。一般平民没有祠堂但设祖宗的灵位，用于祭祀。

大户人家建房时先建祠堂，而后建居室。上等人祠堂是一个独立的建筑群，祠堂有三间：外门、正厅和储藏祭器、遗书的房子，祠堂四周有墙壁环绕。普通人家仅有一间厅房。内有四个龛（有的多至八到十龛），龛中设一个小柜子，内有"神主"即祖宗的牌位，是一尺二长，三寸宽的木牌，上面写着各位祖考、妣和考的官位（男性为考，女性为妣）、姓名字号。凡四龛的神主顺序为：高祖考、妣，曾祖考、妣，祖考、妣和父考、妣，考妣神主分开，按左右排列。

每个龛前有垂帘和供桌，设香案，案上有香炉等祭器。北京民间祭祖礼俗贯串于岁时节令之中，首先是春节，其次是清明，然后是"中元节"俗称"鬼节"，再有是阴历十月初一日，称"寒衣节"。

每逢在祠堂祭祖的前一天，家中全体成员都要沐浴更衣，戒酒吃素，不与妻妾同寝，以身心整洁表示对祖先的诚敬。当日早晨全家聚于祠堂，每龛前都用盘器盛新果、菜肴、茶、酒等祭品。全家皆穿盛装。按岁数、辈分排列，男左女右。净手后启开神椟，取出神主牌位，集体跪拜焚香后，把酒撒在茅沙之上。众人再鞠躬三拜，家长亲自为各神主斟酒，主妇点茶。众人四拜平身毕，

北京礼俗

45

再将神主存入楼内。

除重要节日祭祖外，每逢大事如朝廷追封赠考妣官爵、生儿等喜庆之事，都要行告祖礼。因所取得的一切成就和功名，似乎都是祖先保佑的结果。功成名就、衣锦还乡的人，都认为是光宗耀祖的幸事，而不成器者、家败人亡者，放声痛哭时，首先痛骂自己"对不起列祖列宗"。

祭祖，是活着的全体家庭成员对已经逝去的祖先表示怀念、敬畏之情的重要礼仪。在祭祖时，祖先似乎就在眼前，在看他们的举止，在肃穆的气氛中，子孙们感受到了列祖列宗的威严。从而转化为对封建道德规范的遵从，在社会和政治生活中产生了深远影响。以达到巩固封建秩序的目的。

祭祖是旧时家庭的最高礼节，此外，就是家庭中的亲属之间的礼仪。

亲属礼仪

在清末民初，自给自足的自然经济占主导地位，因此与之相适应的聚族而居是普遍现象。

封建式的家礼，往往以家规、家训、族训等为其表现形式。由于家庭地位、传承、经历等不同，所定的家礼各有特色，但共性即"三纲"、"五常"仍是其指导思想，其宗旨贯穿在各种礼节之中。

夫妻之间的礼仪

夫妻之间的关系是家庭礼仪的核心，它影响着家庭全体成员的和睦、幸福。

有些人以为：只要男女组成了家庭，就没有什么交往关系。旧时北京的家庭中，男尊女卑思想占主要地位。大男子主义思想占统治地位，没有"男女权利平等"的观念。

旧时北京在男女授受不亲的封建思想影响下，绝大多数夫妻在婚前并不相识，不存在什么感情基础。夫妻的结合，似乎主要出于传宗接代，因为没感情基础，夫妻之间的破裂关系，随时都可能发生。夫妻破裂后，势必会影响社会和家庭的安定团结。所以，历代封建统治者除了靠压力外，还制定了家礼，凭借家中道德约束夫妻间的关系。"夫妇之道，不可以不久也，故受之以恒。"（《周易·说卦》）因此在家礼中夫妻礼节格外丰富。

在旧的夫妻关系中，是男人当家做主，《大戴礼记·本命》中说："男者任也，子者孳也，男子者，言任天地之道，如长万物之义也，故谓之丈夫。丈者长也，夫者扶也，言长万物也。"这"万物"就包括自己的妻子，整句话的意思是说：男人受天地的重托，要按自然法则行事，要养育万物，是一家之主。

在《大戴礼记·本命》里又说："女者如也，子者孳也，女子者，言如男子之教，而长其义理者也。故谓之妇人。妇人，伏于人也。是故无专制之义，有三从之道，在家从父，适人从夫，夫死从子，无所敢自遂也。教令不出闺门，事在馈食之闲而已矣。"孔子也有类似的言论。即：女子绝对服从男人，不许出屋，旧时北京女子讲"大门不出，二门不迈"，只能在屋里操持家务，不能自作主张。

以性别划分尊卑等级，这就决定了丈夫和妻子的地位和行为，享受应让丈夫，劳作是妻子的事，形成了夫妇间的主与从的关系。

由于这种主、从关系的确定，夫妻之间的礼节，所谓家礼中的规定，几乎在夫妻关系中，都是给妇女制定的，要求妇女要有贤慧、贞节、柔顺、恭敬的品德，不许操丈夫的权利。家礼中非常重视妇女"贞"和"节"。所说的"贞"

就是妇女的贞操，"节"，是对丈夫忠诚不二，丈夫死了不许改嫁，在旧时学生上学的课本《名贤集》里就有："忠臣不保二主，烈女不嫁二夫"等内容。解放前北京学校中《名贤集》是必读之物，其男尊女卑的观念，自然要在家礼中体现。

丈夫对妻子不满，可以把她休弃，称为休妻。休妻还有正当理由即：不顺从公婆；不能生育；淫荡；嫉妒；有恶疾；好搬弄是非；盗窃。可见主动权都握在男子手中。因此，旧时北京常发生男人喜新厌旧、嫌贫爱富，而找个理由把妻子休掉。因此，家礼也对男子的休妻权予以限制，这就是"三不去"。《大戴礼记·本命》中又说有三种情况丈夫不许借口休妻：娶后娘家无近亲者；和丈夫一块守过公婆三年丧的；婚时丈夫贫贱，和丈夫一同吃苦，后富起来的。在这一点上，还有一点合理性。

根于封建社会流毒，解放前北京的金鱼池、龙潭湖等处，不时传出妇女因受不了丈夫或公婆的毒打压迫，而跳金鱼池、龙潭湖等池塘自杀身亡，也有悬梁上吊者不计其数。

解放后提倡男女平等，使夫妻间的

北京礼俗

关系得到改变，广大妇女纷纷走上工作岗位，从政治上、经济上彻底翻身，解放初一首"妇女自由歌"唱出了全国妇女的心声，广为流传。

　　十年携手共艰危，
　　以沫相濡亦可哀；
　　聊借画图怡倦眼，
　　此中甘苦两心知。

这是1934年鲁迅先生在赠给夫人许广平的《芥子园画谱》三集首册扉页上的题诗。诗中充分表现了这位伟大思想家、文学家对自己伴侣的一往情深，生动地描述了他们患难相知、甘苦与共、心心相印的忠贞爱情。

在著名的"女师大"事件中，鲁迅声援被诬之为"害群之马"而开除的许广平，深得许广平的敬重，而作为鲁迅的学生，许广平也在同鲁迅的往来中，尽力帮助他做些力所能及的事情。在"正人君子"们的明枪暗箭中他们互相同情并肩战斗，逐步在深刻理解的基础上，由师生之谊发展为真挚的爱情，终于在艰苦的斗争中成为呼吸相通、命运与共的伴侣。

婚姻的促成，是共同的理想；而婚后爱情的持久与稳定，则在于夫妻间的相互理解和体谅。

许广平回忆说："初到上海的时候，住在景云里的最末一幢房子里。有一天，差不多是深秋，天快暗了，他还在那里迷头迷脑，聚精会神，拿着笔在写不完地尽写尽写。我偶然双手放在他的肩上，打算劝他休息一下，哪晓得他笔是放下了，却满脸的不高兴。"这件事，使她"感觉到气也透不过地难过"。事后，鲁迅解释说"写开东西的时候，什么旁的事情是顾不到的，这时最好不理他，甚至吃饭也是多余的事。"许广平由此理解了鲁迅的写作习惯，以后"处处更加小心，听其自然"。而鲁迅呢，此后也注意约束自己，尽量多关心体贴许广平，不在她高兴时扫兴。如不管写作怎么忙，也要和她一起吃饭；看到她疲倦时催促快去休息，常常在她睡觉前去陪她叙谈，待到她睡着了自己轻轻走开，去动笔写作。更使许广平感动的是她生海婴时鲁迅跑前跑后精心护理的情景。她说，"女人除了在进行恋爱的时期享受异性体贴温存之外"，到做了母亲，看到自己爱人的加倍同情、爱惜，"这时候的体贴温存，也是女人最幸福的生活的再现。"（《欣慰的纪念》）

而许广平为了全力支持鲁迅生活和斗争，她舍弃了社会工作，尽全力做好鲁迅的助手，安排他的饮食起居，照料他的身体，帮助他抄写文稿、保存资料等。鲁迅曾感动地对她说："我要好好地替中国做点事，才对得起你。"（《欣慰的纪念》）及至在他生命的最后时刻还几次紧握许广平的手，表现了对自己妻子和战友的爱恋。

在封建社会根深蒂固，残余的封建思想仍有一定市场，在家庭中残存的流毒表现在男女的关系中，如丈夫是天经地义的户主，对妻子发号施令，大男子主义不时发生；有的女子在家里娇生惯养，养成唯我独尊的习气，稍不顺心就大吵大闹。但是上述情况男子占绝对多数，女人是少数。新型的夫妻关系，婚前虽有一定感情基础，但毕竟有限，时间也相对短，加之相互间注意克制自己缺点，不轻易在对方暴露。婚后不少夫妻之间不再讲礼节，举止随便，缺点百出，影响了夫妻间的和睦关系。因此，不少家庭也有了协议或公约，逐步学会夫妻间也要以礼相待。

夫妻间的礼仪，主要是处好以下内容：即男人不要耍大男子的威风，去掉大男子主义偏见；女性也别唯我自尊，也要尊重丈夫；夫妻都要以礼相待，相互体谅；避免争吵，发生冲突时要有让对方一步的思想，养成遇事商量的习惯；要相互了解体质、性情特征，相互迁就；要有和谐的性生活。

处理好这六条关系，其核心是：以礼相待，相互礼让。唯此，才有幸福美满的家庭生活。

父母子女的礼仪

父母是子女的养育人，是孩子的依靠，父母和子女间的爱，是人类天然的习性。

旧时北京把生儿育女看做家庭中的头等大事，半封建半殖民地的旧北京，封建思想仍占主导地位，把父子关系放在人伦规范的首位。

父子之礼节，是有很重要的位置。老北京把子女孝顺父母看做天经地义的事。孔子在《孝经》里说："夫孝，始于事亲，中于事君，终于立身"等。当时子女在孝的内容上：首先是尊重父母。凡不孝父母的人，没人敢和他交朋友，让人看不起。

在《礼记·内则》上，对子女行为有具体规定，如子女、儿媳鸡鸣时起床，梳洗整齐后要低声下气地去问候父母，一日三餐都要请示父母，满足他们愿望；父母起床后要设休息的座位，晚上替父母铺床。五天一次温水备好，请父母洗澡，三天一次洗头，力求使父母冬温夏凉；儿子出门要禀告，回家后要汇报，父母在世，子女不可有私蓄；在父母眼前听使唤，不纵肆体容，保持严肃端正；即使父母有过错，子女也要低声下气，温柔地规劝，不被采纳，就更孝敬来感动老人，等有了笑模样再劝，还不听，甚至发怒把子女打得头破血流，也不准有怨恨，还要提起精神照旧孝顺；即使父母去世后，在行善时，想到会给父母带来好名声，就立刻去做，否则不利于父母名声的事坚决不做等等。史书中这仅仅是一点点，还有大量资料论及和规范父母和子女的礼节，简直是细致地规定子女在生活中的一切孝道，若要认真执行，一个人多半生什么也不做，单这孝顺父母的事就做不完。这实际上是提倡愚孝，由于礼教熏陶，古代孝子众多，典型的如"二十四孝"图，在我幼年时，每逢节日，画棚里卖"二十四孝"图画者甚多。如古时有个叫曹社的，是大孝子，在父亲病危时，他昼夜跪在床下喂药，两膝红肿仍然坚持。夏天睡父亲帐外，任蚊子叮咬，以至咬得全身是疮都不动。有的为减轻母痛，用芦秆从母腹部吸出积水也不在乎，坚持三年直到母亲逝世。

这种封建式的愚孝，北京在"五四"运动后，就有所变化，但作为子女的孝道仍有广泛影响。旧时父母和子女的礼节，似乎主要都是约束和要求子女，所谓"天下没有不是的父母"，什么"万恶淫为首，百事孝当先"，仍是做人的本分，却忽视了父母的自身形象和身教的作用。

解放后，曾流传一个故事，说有个二十三岁的男青年，因抢劫罪被判死刑。临刑前，他母亲炖了一只鸡来为他"饯行"，他在母亲走近时，却狠狠地打了母亲一记耳光。原来他从小生活放纵，呼茶唤饭，肆意胡为，而他母亲总是百依百顺，有求必应，在其它方面，也是不断纵容。他在工作单位没有评上先进，母亲就唆使他去找领导吵闹，单位领导要追究他奸污少女的罪行，他母亲不仅知情不举，还出面让单位为儿子燃放鞭炮恢复"名誉"。他后来终于从一个天真烂漫的孩子，沦为一个遗臭万年的败类。

这个故事充分说明做父母的应该怎样正确对待子女，这青年的死亡原因及临刑前的打母举动，不能不令人深思，尤其令天下父母触目惊心。

解放后人们越来越清楚地看到：父母是孩子的第一任老师，孩子总是刻有父母影响的印记，作为孩子应该孝敬父母，作为父母的自身品德，要不断提高文化素质、品格修养，树立良好的父母长辈形象，不说违背社会公德的话，不做违背社会准则和社会公德的事，注视身教和言教。具体做到以下情况的工作，就是尽了父母职责，就是明礼的表现。

孩子在场时，父母不要当面吵架；任何时候都不要对孩子说谎话；对每个孩子都一视同仁，予以同样的爱；父母间要互相体谅，互相谦让；要和孩子保持亲密无间的关系；对孩子的同学、朋友要以礼相待，热情欢迎；在外人面前不讲孩子的问题，人走后再引导教育；尽量回答孩子提出的问题；表扬孩子的特长和优良品质；对孩子要耐心，不乱发脾气；对孩子不良行为一定要批评，讲清道理，并做出适当的惩罚等等。

在注意自身形象、言行的同时，决不能溺爱，"严是爱，疼是害"是有一定道理的。解放以来，出现一些不尊老、养老的子女，这是和家长对子女溺爱有一定关系的，要吸取这个教训，处理好父母子女间的礼仪关系。

称谓礼仪

在我们生活中，在和人交往时，总是要向对方称呼后，然后再交谈具体的事情。老北京对孩子见了亲友、街坊不先称呼就说话，认为是不礼貌的行为，是缺家教，待亲友走后，孩子是要挨打或受训斥的，因为孩子懂不懂礼貌，实际是反映了家长的为人，还代表了家风。多数家长恐怕别人说孩子缺家教，从小即从孩子会说话起，就先教他们对长辈的称谓。

家庭称谓

一般在小孩学说话时，就先教爷爷、奶奶、爸爸、妈妈，以及姐、兄、弟等等。

待孩子上学后，就要教育对别人的称谓，如"父亲"的称谓，对别人则谦称为：家父或家严，对同学或别人，称对方父亲时，则敬称：令尊或尊翁。又如：母亲或称妈妈，但别人的母亲，就当尊称对方母亲为：令堂或令慈。自己向他人说到母亲时，则称：家慈或家母。当长大成人，往家中寄信时，则称"父亲母亲二老大人……"这都是不能更改的。自称为：儿子、女儿，写信给父母则称"不孝儿男"等。解放后，逐步简称为：爸、妈，称他人父亲则称：您家老人好！您家老爷子身子骨硬朗吧？但解放初期写信时，仍按解放前称呼，只是口语上变化了。

对爷爷奶奶的称呼，一般在向他人谦称时，应称：家祖父、家祖母，若对他人祖父、祖母，就应敬称为：令祖、令祖母，这都有个界线，也是出于礼貌。

至于父亲之兄嫂、弟和弟妇等，向他人谦称时都要带个"家"字，即：家伯父、家叔叔、家伯母、家叔母。若对他人的伯父、叔父、伯母、叔母，则敬称为：令伯、令叔、令伯母、令叔母，都要加一个"令"字。

再有在日常生活中，凡是说到长辈时，都要用"您"字，如：伯父您老人家同意不同意？令伯母您老人家好。如此等等。绝对不可以用"他"，更不能用"你"字来称呼长辈，否则就是无礼貌。笔者就因为对长辈没用"您"来称呼，曾几次受到家长的训斥和体罚。

　　因为在称呼上，传统一直贯穿着儒学亲亲尊尊、父慈子孝、兄仁弟悌、夫贤妇随的基本精神和富有封建礼教的色彩。但尊老的优良传统还是应发扬光大的，从清末民初到解放前，尊老的精神一直体现在人民生活当中。

　　记得在民国和解放前夕，我曾几次见到老人和年青人因事发生了争吵，劝解无效，就到巡警阁子里去解决（巡警阁子即如今的派出所）。老少二人一进巡警阁子，有的巡警略问几句，有的根本不问，就拿起皮带先抽年轻人一顿再说，所以当年轻人听说要到巡警阁子去讲理时，就不再言语了，知道到了那儿没自己的光沾，只好罢休。当然，这种不问青白就打人的做法不对，但年轻人和老人吵闹，本身就是犯上，就是目无尊长，就该教训，这些似乎是当时人们的共识，打完年轻人再问原因，好像理所当然的事。这种尊老的方式，是带有封建专制色彩的，虽尊重老人但不应以此种方式，可也说明尊老还是深入人心的。

　　维护家中长辈的尊严，是老北京旧时的做人基本条件，尤其对父母更是尊重，几乎都能做到打不还手、骂不还口。当时在社会上流传着一个谜语即："一个字，整十笔，不从横竖起，谁要不尊重，谁就不知礼。"谜底是个"爹"字。所说的"不知礼"这三个字是分量很重的，似乎知礼和不知礼，是认为人和动物的区别。说谁"不知礼"，被说者，就会面红耳赤无地自容，似受了耻辱，就要改正，当时似乎是一种风气。孔夫子那一套，在人民中有相当的影响。而在一些统治者手中，却成了压迫人民的工具。

旧时北京还有个约定俗成的规矩，即同辈人在开玩笑时，是有个范围的，只在同辈人中说笑话，绝对不能说对方的父母，若对人家长辈带一个脏字，矛盾就会转化。在人群中玩笑时，常听到说："你若带一个骂人的脏字，我可跟你急啦!"这里的"急"字，是包含着和对方断交、翻脸，甚至动拳头。父母长辈人，是神圣不可侵犯的。

北京人向来有文明礼貌尊老携幼的好传统，对语言讲究礼貌热情，对长辈尊重。解放后无论在公共汽车、火车等多种场合，年轻人都热情称长辈：老大爷、老大妈、老爷爷、老奶奶，并把座位让给老人，买东西时让老人先买等等。这些良好社会风气，都和人们从小在家庭中的尊老教育是分不开的。

旧时家庭往来称谓

　　家庭和社会上的亲友都有密切的往来关系，家中来了客人，无论亲友都要有礼貌的称谓，这也是人的文明体现，也包含个人的品德修养，尊敬对方是我国人民生活中的优良传统。

　　敬称：旧时北京家里来了客人，多以"贵"、"尊"、"大"、"宝"、"玉"等构成的对称的敬词。而今有的还在应用，如"您贵姓"、"尊意如何"等。现在书面或信件里这些用语较多，如"恭候尊驾光临"、"贵体如何"、"您高寿"等等。

　　对长辈的敬称词汇丰富，如家中来了老人，旧时往往用：仁丈老伯、丈人、老翁等称呼老年客人。对有声望的长辈称：长上、尊公等；对有地位的长辈则称：老世交、老爷；对女长辈称：太君、太太等。解放后这些敬称词，一般采用的不多，常以"老"字，作为敬称，如：刘老、张老、老先生、老大爷。如称著名经济学家陈岱荪先生，为岱老、陈岱老等。日常习惯称呼为：老王、老李等，可用于长者，一般用于同辈也可。

　　谦称：在来客中多用敬称，对自身则自称谦虚之词，即谦词。也是对来客的尊重，是我们家庭生活中的良好交际传统。就连过去的皇帝也自称为："寡"、"孤"。旧时常以"敝"、"敝人"、"愚"、"不才"等自称。称自己的一些看法为"愚见"、"愚意"，称自己身体为"贱躯"、"微躯"等，称自己的作品为"拙著"、"拙文"，称自己的居室为"寒舍"、"陋室"、"蜗居"等不一而足。

美称：对自己平辈或晚辈表示亲爱并看重的一些称谓。书信中长用的"贤"字较多，如贤弟，对晚辈如贤侄。美称人家的子女为"公子"、"公主"也很多。元、明以后"千金"一词使用也很广泛，尊对方女儿为"千金"的名称等。这些美称大都全有来历，如"公子"的美称，源于西周初期，周王为了巩固他的统治地位，按血缘亲疏来分封，君王的同姓兄弟，都被封为诸侯，称为"公族"。"公"是"君"的转音，在西周初年只有天子才可以称"公"，后来诸侯也可以称"公"了。因此公侯的儿子也被称为"公子"了。后来对豪门贵族的子弟都称为"公子"，也成为对别人儿子的美称。

"公主"称谓也来源于西周。那时，天子的女儿下嫁诸侯，按礼仪规定，是不能由至尊的天子来主持婚礼的，只能由天子同姓的诸侯来主持。因此，天子之女则被称为"公主"。到了秦、汉，天子出嫁女儿改由"三公"（丞相、太尉、御史大夫）主持婚礼，皇帝之女被称为"公主"。"公主"、"公子"的称谓，一直沿用到清末民初。

"千金"是出自《南史·谢传》有赞叹自己女儿为"千金"的记载，后来一直用于对人女儿的专用美称。

此外，对客人敬称亲属和对自己亲属要谦称的礼仪，在家教时也要求子女做到。

在人际活动时，或在撰写书信时，要选择一些恰当的敬称、美称来称呼对方。旧时用得广泛的字是"尊"、"令"、"贤"、"贵"等字构成的很多敬称和美称。如：老李对老王称老王之妻为"贤内助"，称其子为"令郎"，称其女儿为"令爱"等等。称呼自己的亲属，就要在称谓的前面冠以"舍"、"敝"、"家"等字。用以表达谦虚平凡的意思，有着亲疏、长幼之分。"家"字用称自己的亲人长辈，如"家严"、"家慈"、"家父"、"家母"等。称兄嫂为"家兄"、"家嫂"。"舍"字是向人谦称比自己卑幼的亲人。如"舍妹"、"舍侄"等。称自己儿女为"小儿"、"小女"或"犬子"、"犬女"

等。

　　总之，对客人、亲友，称呼对方要敬重、尊敬对方。对自己要严格，要谦虚、谦卑、慎重，才是待客之礼。

家规家教

　　"国有国法，家有家规"，"没规矩不成方圆"等等，这是北京人在生活中经常说的话，一个家庭有什么样的家风、家教，都需要遵守一些基本的准则，都需要家长的模范行为，这也是搞好家庭礼仪的关键。

家规

　　家规在旧北京不仅是封建家庭、富余人家制定的规矩，不论贫富家中都有些规矩，但是多数的家规都不是成文的规定，比如：不去烟花柳巷，不准吸烟喝酒，不许和大人顶嘴等等。老北京人都是按这些不成文的规定，来约束全家子女的，当然也有的人家把明文规定写了出来，甚至贴在墙上，或用镜框挂起，不过这种情况不多。家规内容是一家一样，也有一些是共同的，如不许抽烟喝酒等。家规大都是根据各家具体情况制定出来的。在这方面很多伟人和国家领导、老一辈革命家为我们做出了榜样。

周总理要求晚辈在任何地方，都不许说和他的关系，若在处理问题时，要考虑到和他的关系，永远不许搞特殊化。他对自己的亲属和晚辈还有几条不成文的"家规"：不准晚辈丢下工作，特意来京看望他，只许在出差或路过时，顺便去看看，来京后都要执行下面几条：

一律住国务院招待所；

一律在食堂排队买饭；

有工作的自己买饭吃，没有工作的由他代付伙食费；

在看戏时，以家属身份买票入场，不得用招待券；

不准请客送礼；

不准动用公家的车子。

从这些不成文的"家规"内容看，周恩来对晚辈亲属的要求是非常严格的。"家规"对家里人的行为做出约束，形成了不搞特殊化、严于律己的家风。

李鹏总理的母亲是1926年入党的老干部，是我党早期重要领导人赵世炎的妹妹叫赵君陶，她给家里人立下了家规，无论是谁都不得干扰李鹏的工作，一切亲朋的来信来访都由家属来处理，不许给李鹏添麻烦。家规里有分工：

凡李家亲朋的事，她妹妹回信答复；

赵家系统的事，我管；

李鹏岳父家的，由他夫人负责；

真属冤案，速转地方政府处理；

批评建议，让李鹏过目；

求情办事，我们说服教育；

确有经济困难者，我给帮助。

李鹏的老母为家中亲属所立下的家规，充分体现了支持李鹏工作，因为他是人民的公仆，不能打扰他的工作。表现了老共产党员一心为公的高贵品质。老一辈革命家的类似例子很多，就不一一列举了。

北京一般人家都有不成文的家规内容，这对于教育好子女、树立良好的家风都起到了很重要的作用，也是家庭礼仪中的好传统，在解放初期，50年代中，家家户户还订立了家庭公约，其内容带有共性的是：爱国、团结、互助、搞好邻里关系，不违犯法律等等，还有根据家庭情况写上说话和气、不打人、不骂人、讲究卫生等等，这些《家庭条约》，实际上也有家规的性质，但它和家规又有区别：一是过去是家长一人说了算，家规是一家之长即男人所定，而"条约"是全家人商量协定的；原来只有家的内容，"条约"首先都有热爱祖国，热爱首都的内容。这对促进社会良好风气的形成，提高文明礼貌的素质，起到很好的作用。

家教

一个人成长为有教养、有作为、懂礼貌的人，是和家长的教育，家庭的影响分不开的。教育好子女是家长的义务。在家教方面老一辈无产阶级革命家为我们做出了光辉的榜样，动人的事迹多如星辰。

毛泽东同志在延安居住时，院里有个厕所，以前都是警卫班同志扫厕所，后来一连数日，当他们去打扫厕所之前，就被别人早已打扫得干干净净了。大伙心里很纳闷儿，这是谁打扫的呢？

有一天大雪过后，战士们提前去扫雪，警卫班长刚要进厕所打扫，传来一个非常熟悉的声音，就听里边说："你到炉灶里去掏些灰，用筐子挑来，把厕所里撒一撒。"原来是毛泽东在和小岸英在说话。人们心里一亮。

那时毛岸英才十岁左右，毛泽东同志就起大早和儿子一起打扫厕所，从身教言教中，培养孩子热爱劳动的高贵品质。

1958 年国家干部精简，中央机关有

两个去向：一是支援边疆建设，一是去教育事业。当时刘少奇的女儿刘爱琴正在国家计委工作。那年夏天，爱琴回家后，刘少奇同志就和女儿谈干部下放的意义，然后问："你是怎么考虑的?"女儿随便说："怎么考虑? 下放挺好吧!"少奇听后亮了自己观点说："那么，你看你能下去吗?"女儿听后有些突然，其实她还没考虑这个问题，只是随便说说，当时没表态。过了几日想通了，在机关报了名。

刘少奇知道后，非常亲切地对爱琴说："你下去，我支持，你嘛，就该下去锻炼锻炼。过去你出去了几次，也跟我谈了很多，浮光掠影，实质性的问题了解的还少。"

刘爱琴和爱人孩子，很快到内蒙古安家落户。不久，在少奇同志的支持下，刘爱琴哥哥刘允斌全家也从京城去了内蒙古包头落了户。少奇同志对子女严格要求的精神非常感人。

刘伯承元帅家中的电话间的墙壁上，贴着一张已经发黄的"告示"，上面写着：

儿女们，这些电话是党和国家给你爸爸办公用的，你们私事绝对不许用这些电话，假公济私是国民党作风，不许带到我们刘家来。

妈妈

妈妈是刘伯承夫人汪荣华同志。

谢觉哉的一个在外地上大学的孩子，回到家埋怨房子不好；另一个上中学的孩子上街没买到想要的皮鞋有些怨言。谢老对这两件事很注意，他想：这样的问题一般老百姓的子女不会向父母提出来，干部家庭子女很容易产生优越感，脱离群众。谢老就把孩子们叫在一起，出了个"看过去，看别人"的题目让大家讨论，通过忆过去的艰苦生活和比老百姓的住房，谢老又以身作则说"1937年公家给我买了一双皮鞋，到北京，为了接待外宾才买第二双。那时我已快70岁了。你们小小年纪就穿皮鞋，且不止穿过一双。现在我们国家有困难，不要对国家发牢骚，而要多想想怎样去改变这种状况。"孩子们受到了很好教育。

为了使孩子们不忘记自己的教育，他还特地写了一首《示儿》诗，悬挂在整洁简朴的书房里，那首《示儿》诗写道：

四体不勤，五谷不分；
只知吃饭，不懂耕耘；

他的外号，叫寄生虫。

到校读书，回家锄地；

锻炼脑子，锻炼体力；

这样的人，才能成器。

这些老一辈无产阶级革命家，对子女身教、言教，严格要求子女的故事真是数不胜数，树立了良好的家风，他们的事迹永远值得我们学习，是我们国家的无价宝，是家庭礼仪中的精华。

回忆起家庭的教育，出身于城市贫民的著名评剧表演艺术家新凤霞颇有感想，她说：那是父母留给我的遗产。

我从小受不识字的父亲教育，见着长辈叫人，出门告诉家人，回来也要打招呼：爸、妈我回来了。鼻子下边长着嘴，要用嘴联系感情，关心别人，换来别人的理解。

我总也忘不了父母教我的那些：

挖鼻孔，剔牙，打哈欠，这些动作都不能面对人做，应该用手掩住，用另一只手来做，这样形象好。

光着背不能上街见人，不能趿拉着鞋出门。上床睡觉，鞋要整整齐齐地摆在床下靠一边，下床时好穿鞋，不能脚甩鞋，弄得东一只西一只。

在哪里拿的东西要送回原处。要做

个可靠的人，事事要有交待。无论干什么行业都不能有贪心。

争名利是最俗气的，越是争越得不到，不争，应当给你的，就会自然得到。

如今回过头看看自己在坎坎坷坷的人生道路上的脚印，之所以还是那么回事，从未失去过信心，正是因为父母的教诲：注意小节，永远自信。

几十年来，我作为一个女人，在人生道路上可谓步步艰辛，非常不易。归纳起来，便是过"五关"，祛"六气"。

一是经济关：为了生存，我6岁学戏，一天学也没上过。父亲卖糖葫芦，有吐血病，母亲是家庭妇女，弟妹6个。在这9口之家，我必须挣钱养家，替父亲挑重担。不认字的父亲教我：君子取财有道。从这时起我就知道：本本分分地唱戏挣钱，台上作戏，台下做人。

二是生活关：立业成家，嫁一个能帮助我在舞台艺术上、文化知识上不断提高的正直厚道的人。

三是政治关：无论遇到什么样的情况也要立场坚定，对前途充满信心。

四是成就关：我虽不能算老艺人，但在舞台上也曾轰轰烈烈唱过红戏，受到广大观众的鼓励，却不敢有半点傲气。

五是失败关：无论是台上台下，我的生活道路上波折较多。我从小受苦，长大后也遇到不少灾难。1966年8月26日我被打伤左腿膝盖骨，导致终身残疾，但我依然保持了乐观、宽容、奋进的心态。我拿起老公公和齐白石义父交给我的画笔，开始画画，想画出舞台上的五光十色。

闯过"五关"，还要祛尽"六气"。

不娇气：我从小干活，工作和演出从不惜力。"大跃进"时一天演三四场，最多的一天演七场，我从未叫过一声累。

不傲气：永远做学生，时时刻刻向人求教，总觉得自己不够，知识太少，文化太低。我记住"艺海无涯，学无止境"这句话。

不俗气：社会生活中有不良习气，比阔气呀，讲排场啊。我没有挣过大钱。至今我还很安心地过着清贫的日子，我觉得很幸福。

不泄气：有时在电视上看到和我同辈的老伙伴们还在演出，自己就很难过，三十多岁就被打伤致残，不能演戏了，确实很难过。每当这时，我丈夫就鼓励我。感谢那些报纸杂志的编辑、记者们的帮助，使我那不成文的文章能和读者们见面，找到了自己的位置，也充实了生活。

不妒气：舞台上和生活中，我从不嫉妒人。我认为嫉妒别人就是对自己失去自信。

不怨气：坎坷路上我遭受了数不尽的委屈和冤枉，我从不怨恨，我觉得现在一些人所缺的就是善解人意，宽厚待人。

我的座右铭是这样 6 个字：不贪（不贪名追利）；不懒；不攀。

北京礼俗

生育礼仪

老北京的生育礼仪，是一种普遍的礼仪文化现象。是通过求子、妊娠、产前、产后、启蒙等一系列礼仪风俗，来体现对新生儿的重视。其作用在于使一个刚出生的孩子，还是一种生物意义的存在，成为社会的人，从而获得在社会中的地位，是培养出与社会相适应，有一定行为准则和价值观念人的起点，也是一定文化规范对他进行人格的塑造和要求。

生育礼仪是北京社会民俗中的重要组成部分。它无疑对社会有益，但在这些礼仪中，存在着相当多的封建迷信思想和重男轻女等有害的行为。

北京人非常重视子嗣。这关系到家族能否香火延续、财产继承等重大问题。因此，把人丁兴旺、子孙满堂作为理想之家的重要标志，总是把增加人口看做大喜事，尤其是生了男孩。从前北京地区流传的一个故事说：有个大财主，为了显示自己的财富，请一位人口多的穷朋友吃饭。在摆饭桌时，他说地面不平，让手下人取出四个金元宝垫在桌子腿下，以显出他的富有。过后不久，他那个穷朋友也请他到家中吃饭，在吃饭中，那个穷朋友也说地不平，就唤出他的四个儿子，趴在桌腿下边，还不时地让儿子们换个地方。于是那财主忽地意识到：这是在挖苦他没儿没女，虽然有财产，可是无人继承，有钱也是死物，不如他儿子多，是活钱，将来顶门立户超过他，想到此面红耳赤，悲从心来，不由落了泪……

故事不长，却说明当时人们对儿子看得很重，儿子多，也成了傲人的资本，因此，家家户户都盼子心切，一旦生了男孩，就成了隆重的节日。

生育礼仪是人生的第一乐章，其主旋律在旧时主要是盼望男孩并企求孩子长命百岁，成年后有所作为，主要表现在生育、养育一系列的礼俗上，直到解放后才有所改变。

本章生育礼仪，主要说的是孩子诞生前后的一些仪俗，侧重在"生"，而育则是指启蒙入学前的一些仪式活动。

北京礼俗

北京礼俗

求子仪俗

解放前北京人把"老绝户头"视为骂人语。没儿没女是最大的不孝。说什么"不孝有三，无后为大"，对生育之事非常关心。如谁家媳妇，两三年还没生孩子，做老人的就会坐卧不安，便要用各种形式来祈求神佛，东庙烧香，西庙许愿，去蟠桃宫，登妙峰山，他们认为：妇女能否生育，不是生理问题，而是由掌管生育的神灵决定的，于是就出现了各种祈求子嗣的仪式活动。较普遍的有：

麒麟送子

在旧时的春节，屋里张贴的年画中就有"麒麟送子"，画面上有个形状像鹿，头上有角，全身有鳞甲的动物，上边有骑着它的白胖小子，打扮为太子模样，有诸神相伴。这类画不仅尚无子嗣人家张贴，几乎每家都有。"早生贵子"的春联也处处皆是，反映出人们盼子急切的心态。

麒麟送子的本义，源于孔子降生时，有"麟吐玉书"的传说。后来人们称赞美貌孩子为"麒麟儿"或"麟子"，由此麒麟和送子挂上了钩。因此郊区每逢正月十五灯节时，有舞龙人围绕不孕妇女舞一圈，然后将龙身缩短，龙身上骑个小男孩，这就象征麒麟送子了。

拴娃娃

北京过去民间的求子活动，主要是"拴娃娃"。有些女人婚后二三年内没有生养，就到庙里烧香许愿，求神仙赐给贵子。北京道教庙观大都有"娘娘殿"，里边供着天仙圣母、碧霞元君、送子娘娘、催生娘娘、眼光娘娘、痘疹娘娘等。在送子娘娘的神座前和身上，堆放着许多泥娃娃。妇女焚香磕头后，从神座上拿一个泥娃娃揣在怀里，在回家的路上，要不断地默默念叨着："黑丫头、白小子，跟娘回家吃饺子。"回到家后，偷偷把泥娃娃藏在卧室里，日夜盼望早生贵子，夜里做梦时，也梦见生了个大胖小子。如果凑巧真生了个孩子，那就要经常到寺庙里去烧香还愿奉上布施。

旧时妇女"拴娃娃"最多的地方是崇外的蟠桃宫，南城的白云观，郊区的妙峰山等。她们"拴娃娃"后，不少人照样不生孩子，那也不敢埋怨神仙，只恨自己命中无子，或是上辈子做了缺德事，这世得到的报应。

摸铜骡玉马

过去北京朝阳门外的东岳庙，庙内

文昌殿神位的东边上，有一匹铜铸的骡子，西边还有一匹玉马。据说这是文昌帝君的坐骑，是神兽，只要人用手抚摸一番，就可以得子，还能治病。因此招引来无数的善男信女到文昌殿焚香磕头。其实那匹玉马是用香面子做的，既不是玉也不是瓷的；那匹铜骡也不是文昌大帝骑过的，而是清朝康熙皇上去江南时坐骑的模型。可是人们求子心切，给个棒锤就认针，玩命似的磕头如捣蒜。

妊娠禁忌

老北京把妇女怀孕叫"有喜了"、"得喜"、"见喜"等等。认为这是件了不起的大喜事。全家人的脸上都有了光彩。"有喜了"的消息会不翼而飞。这不单是夫妇小家庭的喜，也是这个家族的喜，于是随之而来的就是对待这件喜事的仪俗。

婚后没怀孕很着急，可是一旦有了喜，各种麻烦事更多。怀孕后禁忌的仪俗多如牛毛，有人管这些禁忌叫做"老妈妈论"、"老礼"，但这些禁忌中也不完全是出于迷信，有的也是经验之谈，反映了人对生育的重视心理，但多数禁忌，是牵强附会的。主要有以下内容。

室内禁忌

忌动砖瓦石，孕妇不许移动房上的砖瓦，恐怕触动了胎神；忌钉钉子，钉住了胎神孩子就成了死胎；忌挂人物画像，据说孕妇多看了画上的人，会使胎儿和画上的人物长得一样，俗称"换胎"，因此室内所有人物画都放别处去；忌堵门窗，恐把胎儿眼弄瞎；忌手臂上举，据说胎儿在母腹中口里咬着奶头似的一样东西，叫"奶筋"，所以才不会坠落，如果孕妇手臂上扬或够什么东西，会使胎儿口里含的"奶筋"脱落，致使胎儿滑胎或饿死；忌搬重东西，以防流产、滑胎；忌声响过大，使胎儿耳聋；忌属虎的人入室，暗伤胎儿；忌冷水洗澡以伤胎气；忌肩披绳、线，恐婴儿绕脐生等等。

室外禁忌

忌夜晚不归或深夜纳凉，说晚上室外多鬼祟，使胎儿被鬼煞气伤害；忌爬果木树，更不能摘果子，这样会摔着使胎儿早产；忌跨过戥秤，过去秤为每斤十六两，据说孕妇从秤上跨过，会使孕期延长到十六个月；忌坐屋檐下，恐胎儿中风；忌在生地大小便，即平日不去的地方大小便，会导致难产使母子伤亡；忌见月蚀、月晕，会使孕妇贫血、流产，婴儿残缺；忌看戏曲等等。

饮食禁忌

忌孕妇想吃的东西吃不到口，因是胎儿想吃，所以一定要让孕妇吃上她想吃的东西，最好能够吃足，不然怕胎儿急出红眼病来；忌食兔肉，是怕吃了兔肉，胎儿会跟兔子一样长出"豁嘴"来；忌食驴、马肉，吃了驴马肉会使孕期延长。有如驴、马怀胎脱期一样，超过十个月后再生；忌食羊肝、羊肉，食羊肝孩子多厄运，吃羊肉孩子多病；忌吃辣椒，恐生下孩子烂眼圈、得红眼病；忌吃鲜姜，因鲜姜外形"多指"，吃了生下"六指"儿，还会导致流产，所以严禁食用；忌生冷，孕妇不能吃生冷食物，不许喝生水，不然会闹肚子，影响胎儿生长等等。此外还有忌孕妇接触丧礼、嫁娶、产妇、孕妇、巫事等。

总之，禁忌仪俗十分繁杂，除去少量的有益健康外，大多数是不科学的老北京孕妇禁忌仪俗，不少受南方的影响，如不吃鲜姜、不食兔肉等等，在全国也较为普遍。

产前习俗

北京自古以来就有重男轻女的礼俗，

生男孩叫"弄璋之喜",生女孩叫"弄瓦之喜",璋是美玉,瓦是土器,生男为添丁,生女只算添口,这种男尊女卑的礼俗流传下来,就使怀孕妇女日夜企盼生个男孩,只要生下男孩,就能提高自己的地位。在重男轻女的礼俗影响下,在当时社会上,怀孕妇女就到处烧香许愿,企盼生一男孩,于是出现了求生男孩的风俗。

夜摸门钉

老北京妇女为生男孩,有摸城门上的门钉的风俗。据说摸了城门的门钉,能生男孩,因此怀孕妇女夜里结伴到各城门去摸门钉。还传出北京各城门中,惟正阳门上的门钉,抚摸后生男的灵验胜过其它各城门。于是怀孕妇女相邀诸女伴,夜半手摩挲,清末一些竹枝词专写摸钉的情景:"女伴金箍燕尾肥,手提长袖走桥迟。前门钉子争来摸,今岁宜男定是谁";"一望平沙万里遥,月明何处尚吹箫?旁人争说前门好,姐妹牵衣过小桥"。

产前预测

在妊娠期间有预测生男生女的仪俗,北京盛行"酸儿辣女"的说法,以孕妇喜欢食酸的就生男,爱吃辣的就生女。

还有"儿勤女懒",如怀男孩则孕妇勤快,怀女孩就疏懒。"儿带母愁"——孕妇常带愁容就生男;"男左女右"——在孕妇身后呼唤她,看她向哪边回头来断定生儿生女,往左边回头生男、右边生女;"尖男圆女"孕妇腹部呈尖形,发胖不显著生男孩,而腹部呈圆形,腰围粗圆,明显发胖者,则生女孩;依据胎内活动情况判断性别:凡怀孕初期,生理反映强烈,胎儿动得幅度大生女,相反则生男。梦兆:梦见大熊、小熊者预兆生男;梦见蝎子、长虫则生女等等。显然和重男轻女思想有关。

催生

在产妇产前一个月,娘家把小孩的衣、裤、帽、红糖、鸡蛋、小米,有的还加红漆筷子十双、一个内盛肉饼的升等,送到婆家。

催生之礼意在催产妇快生,许多礼品都倾注着娘家深厚的情谊。这些食物中,鸡蛋、红糖是产妇必不可少的。鸡蛋意味着生育后代,并可滋养身体。红糖可以为产妇除去内污。筷子的"筷"谐音为"快",祝愿早生、快生之意。

催生礼是产期之前的礼仪,这些礼仪都是希望减少孕妇分娩的痛苦,安全顺利生产。

请吉祥姥姥

旧北京以接生为业的老年妇女，称为吉祥姥姥，也叫收生姥姥或"老娘婆"。这些老式产婆北京大街小巷里都有，她们在门前上端，悬挂一块小木牌，上写："快马轻车，吉祥收洗"字样，也有写"某氏收洗"的，从前她们大多不懂得卫生知识，是文盲，一脑袋传统的"老妈妈论儿"，一系列繁琐的礼仪，能把人们都折腾晕了。吉祥姥姥这行道不少来"外快"，什么大洋、铜子、小米、鸡蛋、油糕、缸炉等，"添盆"里面，客人送的礼物，都被她们一股脑兜回家去。

这个营生到40年代后期，生意就不兴隆了，因为随着科学的发展，一般人家妇女都去医院生育。但这种职业一直到60年代初，北京还没有绝迹。我的两个孩子都是请接生婆来家收生的，但一些俗礼全都没了，而且解放后的收生婆大都有了一定的卫生常识。

请吉祥姥姥大都在生前的二、三星期，先请吉祥姥姥认认门，以免临产时带来麻烦，为寻地址误事。

踩生

在小儿出生之前，先选一个品性温

和的人，等婴儿出生后第一个进去看望。如此则新生儿的脾气就像这个人一样好了。此举俗称"踩生"。待"踩生"后，其余的人方可进屋。

产后礼俗

在北京，生儿育女不单是个人的大事，也是整个家庭、亲朋以至邻里的喜事。因此，庆贺小儿诞生的礼仪有一定的地方性。庆贺诞生的活动，不论穷富都要举办。

从婴儿落地，一直到满周岁，有钱的人家的礼仪活动非常频繁，充分体现了家庭、家族、亲朋、邻里对新生儿的莫大关怀。

洗三

老北京在小儿出生后的第三天，举行第一次洗澡的礼仪。这种礼俗由来已久，北京雍和宫的法轮殿中，"五百罗汉山"前面，有一个非常精美的"鱼龙变化盆"，据说就是乾隆皇帝生下后，用过的"洗三盆"，可以说从皇帝到百姓，都有这一礼俗。

为什么小孩生下来要"洗三"？迷信说法是三天后，要洗去小孩从"前世"带来的污垢，能使婴儿一生平安吉利，所以人们旧时非常看重它，说一生中，有两件大事：即生下来第三天的"洗三"和死去三天时的"接三"，富人大办，穷人再穷也得请客人吃一顿"洗三"面。

老舍先生在《正红旗下》文中所说的白姥姥，就是收生的吉祥姥姥，关于"洗三"的场面，书中说"白姥姥在炕上盘腿坐好，宽沿的大铜盆里倒上了槐枝艾叶熬成的苦水，冒着热气。参加典礼的老太太、媳妇们，都先'添盆'，把一些铜钱放入盆内，并说着吉祥话儿。几个花生，几个红白鸡蛋，也随着'连生贵子'等祝词放入水中。这些钱与东西，在最后，都归'姥姥'拿走……边洗边说，白姥姥说过不知多少遍的祝词又一字不减地说出来：'先洗头，作王侯；后洗腰，一辈倒比一辈高；洗完蛋，作知县；洗洗沟，作知州。'""她还用一块新青布，沾了些清水，用力擦我的牙床。我就在这时节哭起来……这一哭原是大吉之兆，在老妈妈们的词典中，这叫做'响盆'……"

"洗三"这天，人们只请近亲，富贵人家要摆上宴席来招待，一般人家炒几个菜，无论穷富在主食上必须是面条，即"洗三面"。"洗三"的礼仪由吉祥姥姥主持下进行的，因此"是日必须招收生婆到家，酒食优待，然后由本家将神纸（俗称娘娘马儿）并床公、床母之像，供于桌上，供品为毛边缸炉（北京点心名）五盘。由收生婆烧香焚神纸，然后将火煮之槐条倾入水盆内，旁置凉水一碗及两盘，一盘胰子、碱、胭脂、粉、茶叶、白糖、青布尖儿、白布数尺、秤权、剪子、锁、镜等物，一盘鸡子、花生、栗子、枣、桂圆、荔等物，均用红色染过。请亲友齐集床前，将各样果子，投数枚于盆内，再加冷水两匙，铜元数十枚，名为添盆。添毕，由收生婆洗小儿。洗罢，将小儿脐带盘于肚上，敷以烧过之明矾末，用棉花捆好所有食物，全由收生婆携去。"收生婆在槐树条煮好的水给小孩洗澡时，要唱些吉祥话："长流水，聪明伶俐"、"一搅、二搅连三搅，哥哥领着弟弟跑"、"先洗头，做王侯，后洗腰，一辈倒比一辈高。"

洗后，用葱叶往婴儿身上轻轻的打三下，收生婆随口念道："一打聪明（葱的谐音），二打灵俐。"接着又叫人把葱扔在房上。再用秤锤比划比划念道："秤锤儿虽小压千斤"，又拿起锁头比划锁住小孩口、手、脚的动作，边念道："长大啦口紧、脚紧、手紧"，长大后举止稳重。又将小儿放在茶盘里，把本家准备好的金银锞子等，往婴儿身上一掖，口中念："左掖金，右掖银，花不完，给下人。"又把婴儿放在筛子里呆一会，这样将来生水痘时，会少受痛苦，至此，"洗三"的礼仪才算完成。

挂窗档

在小孩满月之前有很多禁忌，如忌冷水冷风、忌阳光直射、忌乱泼污水、忌遇红白喜事、忌月子内串门等等。为防外人进屋，就在窗外或门帘上挂一个标志，以引起来人注意，生男孩挂一个小弓箭，生女孩挂个红布条。挂此物除了防止外人突然进入外，还有避邪的意思。

在小孩满月之前，产妇不出门在屋内"坐月子"，其间要吃 100 个红皮鸡蛋，还有大量的红糖小米粥，以补血气，还要多吃下奶的东西。

办满月

婴儿出生一个月时举办的庆贺礼仪，俗称"办满月"。满月这天，亲友们都来家祝贺，不能空着手来，有带衣帽的，有给礼金的，但都要用红纸包装，上写长命百岁等吉语。有的礼品富有寓意，如银制或铜制的小斗，是"粮食满仓"之意；小升即"步步高升"；小锁，即"锁住生命"、"长命百岁"的意思；印，日后做大官等等。有钱人家在饭馆里办，还有娱乐节目，一般人家都在家里办满月，不论穷富都办一天。

"落胎发"即给小孩剃胎毛，也是办满月的一项仪式，在额顶上保留一撮毛，叫"聪明发"。脑后要留"撑根发"，眉毛全部剃光，剃下的胎毛要收藏起来，用红布包好。有的挂在床头避邪用。

满月后要由家长把小孩抱到姥姥家去，或者到亲戚家，让小孩见见世面，呼吸上新鲜空气，有利于孩子的健康。北京管满月后回娘家叫"挪臊窝"。无论回娘家或到亲戚家，都要由被访者给小孩钱，把钱用红纸包上，再用红线系好，挂在小孩的脖子上，这个做法叫做"挂线"。挂在小孩脖项的钱包不能动，回到家后由小孩的奶奶亲手取下，取钱包时要唱："走得好，来得好，丫头小子白头活到老。"

百日礼

孩子出生整一百天时，要办"百日庆典"，北京称之为"百禄"。百日礼都在"百"字上做文章。

婴儿父母要向亲朋邻里讨要各色图案的花布头，拼接起来做出"百家衣"，给小儿穿上，据说穿上百家衣，可以得到天神的保护使小孩健康成长。

百日礼设宴请客和办满月一样，亲友所赠礼品有"长命锁"，锁的正面、反面有"长命百岁"、"长命富贵"等字样，质地有金、银、铜等。长命锁挂在小孩的脖子上，锁在胸前摆动，祝福小孩的生命像锁门、箱一样给"锁住"不会跑掉；刻有麒麟送子图案和各种吉祥话的各种饰品；"用姨家的布，姑家的活儿"给小孩做衣裳等衣物，如虎头鞋、虎头帽、鞋头帽子做成虎头的形象，无论鞋帽都在虎头上绣个"王"字，穿虎头鞋、戴虎头帽可壮胆、驱邪，使小孩虎虎实实健康地成长；糕点：糟子糕、缸炉、红糖等。

有钱人办百日礼，还要请堂会。即为了招待亲友除设宴外还要请艺人演京剧或曲艺等，以便增加喜庆气氛。有钱人的亲友礼品也重，如金制长命锁；好料子的贺幛，上书："长命百岁"、"天降贵子"等等；装裱好了的贺联，各书不同贺词。生男的贺词如"英物啼哭惊四座，德门喜气恰三多"等。祝贺生女则写："不栉也曾称进士，有才何必重生男。""绕室尽是临风玉，照庭争看入掌珠"等等。

抓周礼

婴儿长到一岁时，举行"抓周"仪式，以预卜婴儿未来的前途和职业。抓周仪式的过程是：在桌上摆放士农工商所用的器具，摆好后，将小孩梳洗干净，穿上新衣，抱到桌前，让小孩随意抓取。如果抓起笔来，将来就是文人；要抓取算盘，那必是商人，其它物品类推。在过去人们是很相信它的预卜。

《红楼梦》里的贾宝玉，在"抓周"礼上，没有抓笔，也没有抓算盘，却将些"脂粉钗环抓来玩弄"，也难怪"政老爷便不喜欢"，他一定是想家门不幸，出了好"色"之徒。

在老舍先生的《牛天赐传》中，也有描写"抓周"的场面："纪妈唯恐他去抓太太所不愿意叫他抓的东西，因为他是吃她的奶长起来的……太太有块小铜图章，可是看着颇近乎衙门里的印。太太最注意这件高官得做、骏马得骑的代表物。老刘妈建议：应把这块印放在最易抓到的地方，而且应在印钮——一个小狮子——上拴起一束花线，以便引起注意。其次便是一支笔、一本小书，二者虽不如马到成功伸手抓印那么出息，可是万般皆下品，惟有读书高，笔与书也是作官的象征，不过是稍绕一点弯儿。再其次是一个大铜钱，……这是为了敷衍牛老者，他是把钱放在官以上的人。"

为了让孩子抓上这些可心的物件，人们费了不少的心思，满以为能抓得可心如意，可谁知牛天赐抓到的却是男仆人四虎子买来的玩具哗啷棒，表示不务正业，真是白费了心机。

命名礼

古人说："赐子千金，不如教子一艺；教子一艺，不如赐子好名。"过去人们认为名字可决定人生命运，所以很重视给孩子起名字，老北京的命名礼是庄重、严肃的，清末民初以后，逐渐淡化。

各民族命名礼有所不同。满族是由家族中最年长的人来命名。在月子里常常连小名也不起，因月子里妖魔常来，起了名字会被妖魔抓去，要在满月以后再举行命名礼。一般起名这一天，富贵人家要摆设酒宴，不富裕的家庭也要请几个予以招待。汉族一般由祖父母、父母等长辈来起名。

在北京民间，老人喜欢给孩子取贱

名，认为起个贱名，鬼怪就会放过他们，小孩就会好养了。于是什么狗剩、留柱、狗子、小臭等等。小名的使用是有一定规矩的，是人们交际中所应注意到的礼节。一般小名仅用于家庭，只让父母兄姐呼唤，偶然流行亲戚之间，但外人是不能叫的，晚辈更不应呼叫。直至如今，人们也是避讳叫小名的。

大名是和小名相对而言，也叫正名、学名、书名等。北京过去是由启蒙老师给起名字的。在儿童入塾时命名，笔者金生二字，就是启蒙时由前外安国寺私立学校周老师起的。大名起后一般终生不改。

我国人名形式多样，相关命名的方法也是五花八门、精彩迭出。大致有三种情况：

第一种是情境法，即指孩子诞生时的奇端、征兆，父母家人的感想等。如郭沫若母亲在怀孕时，曾梦见一个小豹子突然咬着她左手的虎口，因而给郭沫若起乳名"文豹"。鲁迅的祖父在北京接到孙儿出生的家信时，恰逢内阁学士张之洞来访，他便为鲁迅取小名叫"阿张"。这类例子很多，又如贺龙女儿出生在长征途中，此时正好击退敌人的进攻，便起名"捷生"等等。

第二种取名方法称期望法。寄托父母对孩子的期望而命名。诗人徐志摩幼年时，有个名叫志恢的和尚在他头上前后摸了一下说："此子将来必成大器。"他父亲也期望孩子有作为，为应此预言，取名"志摩"。用期望法取名的人很多，据有人统计，有近百分之八十名人的名字都体现了父辈的愿望。

第三种为言志法。如国民党左派领袖邓演达，其父喜读赫胥黎著的《天演论》一书，并认定中国惟有变法图强，才能在竞争中生存发展，于是将长子取名"演存"，字"竞生"；次子取名"演达"，字"择生"。受其父之志影响，邓演达早年追随孙中山先生走上革命道路。当然起名方法很多，但主要有以上三种。

认干亲

为使小孩健康成长，小孩的父母要在亲友中选一对夫妇作为孩子的第二父母，俗称"干爹"、"干妈"，目的是小孩有人爱，好养活。所认的干亲是有条件的，比如小孩的命里"五行"即金木水火土，缺金，这样所找的干爹必须是金命的人，这样才有利于孩子的健康成长和将来事业发达。认干亲也要举行仪式，一般是父母领着子女，带上礼品到干亲家，举行仪式，先供王母寿星神马，祭祖先，再以礼物献干亲父母，列入子女排。孩子长大后，逢年过节要给干父母送礼，干父母也要经常看望干儿女，并带来礼品，这种关系往往要保持终生。

童蒙礼俗

老北京的婴儿生活，在文化风俗设定的种种礼仪之中，这些礼仪活动不仅庆贺新生命的诞生，更侧重表达对婴儿的幼年乃至一生的祝福。当孩子渐省人事时，启蒙教育也就开始了。因此，在那科学不发达的时代，又产生了富有迷信色彩，但又寄托父母苦心的一些礼俗。

病灾礼俗

过去在北京的街头巷尾电线杆子上，墙壁上等等，常张贴有黄毛边纸，上边写着整齐的毛笔字："天黄黄，地皇皇，我家有个夜哭郎，过路君子念三遍，一觉睡到大天亮。"想以此法求使小儿安睡。

当幼儿病重发烧，甚至人事不知时，往往采取两种方法：一是"忌门"，即在门上贴挂红布条或插树枝，表示禁忌外人进门；二是每到天黑时，做母亲的要到街上去"喊魂",亦称"叫魂",以为孩子昏迷不醒是丢了魂,找不到家啦,所以放开嗓门呼唤孩子的小名。如孩子小名叫铁球,母亲就举手高呼:"铁球回家来!铁球快跟妈妈回家来!"连续喊叫不止。当听到那焦急的带有哭声的喊叫,真令人生悲。

还有不少人家,因孩子久病不愈,往往认为"老娘娘"给收走了,因为孩子是"老娘娘"给的,由于自己或孩子不慎,触犯了神灵,或其它原因,所以老娘娘给收回去了。于是就采取一种仪式即"还童儿"。先到糊纸活的冥衣铺、让糊纸活的师傅给糊一个小纸人,上贴一个红纸签,写上小孩的姓名(未送时先用黄纸把小纸人头部包上),选一个比较灵验的娘娘庙,在开庙门时由孩子的母亲到庙里进香许愿,在佛前将"纸童"焚烧。含义是把"纸童"作为孩子的替身,还给了老娘娘,谓之"还童儿"。在母亲焚香叩首时,要苦苦祷告:"老娘娘,您大慈大悲,就将孩子赏给我吧!您可怜可怜我这老大无儿的苦命人吧!"祷告时还许愿孩子好了给您挂匾等等。有钱人往往还许愿:布施钱财、请会唱戏,甚至出大钱修庙、重塑金身等。以为举行了这样仪式，孩子的病就好了。

童蒙礼

在北京尚无新式学校时，有钱人家很早就对孩子进行启蒙教育了，有的把老师请到家里，有的将孩子送到外边去，请老师发蒙。一般人家都送到附近的私塾，请师、认师，举行童蒙礼。

老师定了以后，送学生先行"谒见"礼。要给老师设宴、送礼品。一般人家七岁左右到私塾，老师把着小孩手教写朱红字一张，称为"破蒙"。"破蒙"前要点上一对红烛，朝孔子的画像和牌位叩头礼拜，再拜老师，之后就开始上学了。

私塾启蒙教育的第一本书是《百家姓》，然后依次是《三字经》、《千字文》、《弟子规》、《六言杂字》等。学生家长每逢年节和孔子的生日，都要给老师送寿桃寿面、肉等，此外在冬至也要送礼，在这一日要举行"冬至拜师"，简称"拜冬"，为"冬至节"。还有冬天的煤钱、夏天的凉棚费，各学生家长也要出资。

北京私塾先生是很清苦的，清末有一首诗就写出了他们的生活情况："蒙馆舌耕不自由，读书人到下场头。每逢年节先生苦，亲去门上要束脩。"京郊更甚，清代诗人袁枚《随园诗话》中说："漆黑茅柴屋半间，猪窝牛圈浴锅连。牧童八九纵横坐，天地玄黄喊一年。"从中可见学习环境极为恶劣。学生下学后还要参加繁杂的劳动。

民国后，北京有了公立学校，小孩七岁经考试可入学。所说考试，主要是考简单的问答，量量身高，还要考记忆力，如掀起课桌盖，桌子里放有铅笔、镇尺、苹果等十件东西，让小孩看清放下木盖，问他里面有什么东西，若背下五样以上就算及格。

入学后先学校内礼节。如上课时老师走进教室，班长先喊"起立"，大家立正，再喊"敬礼"，行鞠躬礼后，再喊"坐下"。下学排队回家，第一天上学先学唱《敬礼歌》，歌词是四句："功课完毕太阳夕，收拾书包回家去，见了家长敬个礼，父母对我笑嘻嘻。"

幼儿禁忌

一至十岁的儿童，正是长身体、长知识、全面接受教育的时期，因年幼生活不能独立，需要家长的照顾和指导。把需要注意的事情讲给孩子听。如不要玩火，不要欺负小弟弟、小妹妹等。更重要的是在德智体发展方面和幼儿身心健康的一些禁忌要讲清楚，以免出问题，是很必要的。

小孩天生爱玩，喜欢做各种游戏，如晴朗的夏秋之夜，满天星斗闪烁，小孩子们总爱数星星玩，家长见到就严肃地告诉道："小孩子不能数星星，数星星长大了不识数！"因为星星是数不尽的，惟恐幼儿数来数去数糊涂了，若长大也糊涂下去那还了得！所以发出禁忌。虽不科学，却用心良苦。

小孩好奇心强，家长不准小孩到河边上、井沿上、沟边上玩，北京南城一带不准小孩去金鱼池、龙潭湖去玩，说那儿是口大锅，只要掉下去就再也上不来了，不准小孩玩火柴打火机、靠近炉边玩。因为水火无情，为此一些家长在初一、十五给火神、水神烧香行礼，祷告神明保佑小孩子，不要伤害他们等等。

寿诞礼仪

一般在五十岁以下者，不能称之为"做寿"，只能称"过生日"。

寿礼虽然没有婚礼、丧礼那么隆重、重要，但绝不是可举行可不举行的小事，尤其在旧北京，"做寿"是相当重要的礼仪，特别是在五十岁以后的"五十大寿"、"六十大寿"、"七十大寿"，做儿女的都要根据自家的经济条件，尽可能办得隆重些，否则在社会上就被看做不孝，面子上是过不去的。

中国古代就有人生"五福"之称：即福、禄、寿、喜、财，寿是其中之一。可在古籍上的提法不同，寿排"五福"之首。说"五福""一曰寿，二曰福，三曰康宁，四曰攸好德，五曰考终命"（《尚书·洪范》），不仅寿排在第一位，而且其它几福多和寿有关，寿是前提，如"康宁"、"考终命"，都和寿相联系，人之一生，寿是至关紧要的。

寿诞礼仪正是建立在上述观念的，在过生日上，人们创造了祝寿、庆贺长

北京礼俗

寿的礼仪，还创造了"寿星老"这样一位长寿吉祥的神仙，时常加以礼拜；把"寿"这个汉字，用很多的体形笔画书写，写出"百寿图"，由一百个寿字组成；还创造了松鹤等长寿的象征物入诗画，寄托长寿之意，表达祝愿长寿之心。所有这一切，构成了北京传统做寿礼俗的动人画卷。寿礼在人生中就显出其重要性。

旧时，寿诞的礼仪，隆重丰富的内容，是属于有权、有钱人家的。至于底层的老百姓，温饱尚且挣扎，也只能一家人坐在炕上，吃顿打卤面就算尽了子女之孝道了，但这顿打卤面所包含的情分，却不亚于大户人家。

人生礼仪除去生死两极和婚礼外，就比较少了，也只有不同年龄的寿诞礼仪了，寿礼尽管在今日形式和内容都有所不同，但却被流传下来了。

民间诞辰礼俗

生日，诞辰，记录了一个人在成长道路上所经过的时间和历程。民间对过生日，特别是诞辰的纪念，非常重视。

生日与寿诞

寿诞礼仪是人的一生中重复好多次

的，但是，寿诞礼仪因为人的年岁不同，举行的礼仪也要有所差别。诞辰日的庆祝活动，一般是指五十岁以下的人说的，北京五十岁以上的人过生日，才能称为"寿日"，才能祝寿，举行寿诞之礼。

寿诞也好，生日也好，都是在祝福，庆贺人的健康长寿。小孩过生日在北京是不能叫"做寿日"，只能称"过生日"。人们认为小孩子、青年人做寿是不行的，那样会折他们的寿。只有到了五十岁以上，才能举行寿礼。还有一条，如果老父母在世，即使你年过半百，仍然不准举行寿礼的，这是因为"尊亲在不敢言老"。

年轻人和小孩子"过生日"，对他们来说也是值得高兴和庆贺的事儿，父母家人要以某种简单的形式予以庆贺一番。虽远不如寿礼那么隆重，但也纪念他们成长的纪录，过生日那天也会深深刻印在他们的脑海里的。当他们长大成年后，回顾起来也会增加人生的一些乐趣和对家人的怀念。北京一般人家在过生日那天的中午，吃顿打卤面，这顿面条要做得非常精心，头天就要选好一家羊肉床子（羊肉售货店），买上一块肥瘦合适的鲜羊肉，第二天早起，泡上黄花、木耳、口蘑、鹿角菜等，待卤做成后，再用香油炸花椒，洒在卤上，香味四喷，盛半碗刚做好的热卤给老人和孩子尝鲜。

北京的大杂院里，不少都是吃上顿没下顿的主儿，他们除了给老人过寿，孩子的生日多数都不过，甚至早忘记孩子哪天生的啦，整天为窝窝头奔，还过哪门子生日。

中等以上人家，都要给老人办寿礼，举办一些庆祝活动。五十岁以后的老人，逢十称大寿，如"五十大寿"、"六十大寿"、"七十大寿"，还有特定的称呼"贺六十"、"古稀之寿"、"庆八十"等等。寿礼也不叫"过生日"，而叫"做寿"、"庆寿"、"贺寿"、"祝寿"等名称。男和女的寿日也有不同的称呼，男称椿寿，女称萱寿，这是古时以椿萱二字代替父母，贺词中"椿萱并寿，兰桂齐芳"里的椿萱就是这个意思。

老人过寿日并不是真正的逢十整数，而是指四十九、五十九、六十九等。因为在十个数字上，九的数值最大，人们为了讨个吉利，于是就形成了这种"庆九不庆十"的风俗。

在给家中老人办寿礼的前三天，就要向亲友发出请柬，否则就要失礼，北京的民谚中有："三日为请，两日为叫，当天为提来。"亲友接到请柬后，要准备寿礼，届时前去，俗称"拜寿"。

亲友间除了做大寿，即五十岁后的逢十，一般都大办，一般人家也只是自家人热闹一番而已。

至于一家人的生日时辰和至亲好友生日，都按月、日排列造册，以便届时好有准备。册页式、表格式可随心所欲造，北京称此册为《百寿图》，一般为主妇管理。

人寿俗套

旧时京都对人寿的俗理甚多，有不少使人感到无聊的礼节。如"坎儿年"，民谚中有"三十三大拐转，二十三罗成关，六十六不死掉块肉，七十三、八十四阎王不叫自己去。"又"人活五十五，阎王爷数一数"等。

人们将二十三、三十三、五十五、六十六、七十三、八十四都视为寿命上的关口，称做"坎儿年"，是出于迷信思想人为的"险关"，说什么人寿往往过不去"坎"儿，如果人寿过去这"坎"儿就能长寿，否则夭折。因此出于长寿的企盼，如"坎"儿年就要格外小心，并且想方设法来破解"坎"儿，以图长命

北京礼俗

百岁。所常用的"破解"方法就是系一条红裤腰带，还要由女儿赠给，围上红裤带就可以去邪避灾。北京还有一过六十就要系红裤腰带之俗。还有做女儿的，在老人"坎"儿年时，要称几斤好肉，给老人吃或扔出去等等。

除了"坎"儿年，还有"本命年"，即如属虎的人在"虎"年时，就是"本命年"，在"本命年"务必加倍小心，也有系红腰带之举等。

北京作为首善之区的都城，各地人员都居于此，在人寿命上的俗仪颇多，有人家在小孩十岁时，过生日要由姥姥家给做，叫"爱子寿"；"做九不做十"，在十岁或二十岁的虚岁时过。男女还不一样，称"男不做十，女不做九"，四十岁时不过生日，因为四字和死是谐音等等。

这些无聊的俗套，在解放后五、六十年代基本上已消失，有了一定的科学认识水平，但在近年来，这些无聊的礼节，又时兴起来。

旧京还信仰：寿命在天，寿数有定，即该活多大年龄就能活多大年龄。还相信行善积德可以益寿延年。人们认为：扶贫济弱、补路修桥都能延寿。因此出现了增寿的象征性行为，如买鸟放生、诵经礼忏、求佛祷告、庙观施舍、抄写经卷等等，作为添寿之举。

旧时京城有些富豪、恶霸，他们欺压百姓，霸占民女，甚至杀人放火等无恶不作。可这些人家，多设有佛堂，家中老人吃斋念佛，整天价在佛堂里祷告，焚香叩首，或拿出些钱来修庙，给佛塑造金身，以求家财人康，寿与天齐，真是十足的恶作剧。都城子民把这些无恶不作的人家称之为："老虎念佛经——假充善人。"

在寿日中，大家要多说吉祥话，多说让寿星老爱听的话，图个吉祥、喜相。

据说从前有个富户。有个有权有势又有钱的女婿，就是缺点儿心眼，因图财礼，所以这个富户把女儿嫁给了他家。

这天富户是六十大寿，女婿和女儿前来祝寿，临行前数日，女儿就几次嘱咐女婿，回家那天要少说话，多说"寿"字，女婿紧记心头。

来到岳父家后，祝寿宾客很多，女婿一见岳父忙跪下纳头便拜："爹爹万寿无疆！"岳父惊喜后心想：久未见女婿变聪明多了。于是让人取几个桃让小俩口吃，女婿吃了几个后，忽想起什么似的说"寿桃真甜"！岳父心里又很高兴。

到吃饭时，女婿坐在岳父身边，刚吃几口女婿把碗里面挑起来说："你们看看，这寿面好长好长呀！"这次老岳父高兴得脸发红，客人亲友们也都称赞女婿会说话，老岳父的女儿心里也特别高兴，心想：真给我做脸！

大家正在用餐时，突然飞来一只苍蝇，绕了一圈落在岳父脸上，被女婿看见，他伸手一巴掌，老岳父挨一巴掌，连手里端的面条都撒在桌子和衣服上。众人一惊，女婿急忙解释说："爹爹别怨我，我是为您打头上的寿蝇，想不到把寿面泼到爹爹的寿衣上了！"

老岳父本来一惊，听他这一解释，气得只觉头发晕心发堵，立时昏了过去。众人急忙把老寿星扶到床上，此时女婿连声哭道："想不到因为个寿蝇，您就寿终了！寿终了……"这虽是个笑话，却也说出人们寿日心态。

年龄称谓和长寿象征物

寿诞礼仪和人寿俗套有关的是对年岁的称谓和一些象征长寿的物品。

人的年岁用一种概括性词句，将老幼年龄按面部、发形、牙齿作为年龄的称谓。如从面部容颜称谓年龄的，少年面呈红色，称"朱颜"；也用发型来替具体年龄称谓如以"留头"代表女孩年龄，因小孩小时剃头，年纪稍大方留发，如李白诗"红颜弃轩冕，白首卧松云"；"邻人京城氏之孀有遗男，始龀，跳往助之"（《列子·汤问》）。"龀"字是指换牙，进而引申儿童年龄。

以上年龄称谓到解放后，除古书，一般口语就少用了。古代年寿用词的称谓有：

总角：代表童年，因古时把儿童头发扎成象一对牛角般的小髻，故有此称。

垂髫：未成年的儿童代称。即"黄发垂髫"（陶渊明《桃花源记》）。

豆蔻：指十三、四岁少女。"豆蔻梢头二月初。"（杜牧诗句）

破瓜：女子十六岁之称。古人把"瓜"字拆开，成为两个八字，为十六岁之意。

弱冠：指男子二十岁。

而立：为三十岁。

不惑：四十岁的代称。

天命：五十岁为知"天命"之年。

花甲：为六十岁。

耳顺：为六十岁。

古稀：七十岁为古稀之年，源于杜

甫诗句"人生七十古来稀"。

耄耋：老年，是八十、九十岁的称谓。

期颐：称百岁老人。

以上年龄称谓除说明外，大多出自《礼记》和古人诗词里，今仍较广为使用。

另外，长寿的象征物，多为自然物，如龟、鹤、松、柏、寿石、泰山、南山等，这些自然物本身寿命就长；还有些可使人长寿的物品，如桃子、菊花、枸杞、灵芝等；有的则借物品的谐音如长寿藤、长春花等。将以上长寿的象征物品，构成祝寿的图画如"芝仙祝寿"，画面是灵芝、水仙、竹、寿石，画龟、鹤图案的"龟鹤齐令"等等。

寿礼仪式

"跻彼公堂，称彼兕觥，万寿无疆。"这是《诗经》里记载的，可见我国祝寿的寿礼之风是渊远流长的。"虎秤稽首，天子万年……作召公考，天子万寿。"（《大雅·江汉》）可见当时的庆寿活动，就有了叩头拜寿、大开宴席的仪式。我国向来有尊老之风，讲究孝道，自然寿礼的仪式是表达子女们对长辈的一片孝心的机会，因之仪式也越发隆重了。

寿堂、寿宴

旧时能设立寿堂的富贵人家，在给长辈庆寿，特别是讲究的"八十大寿"，就更为隆重，"人生七十古来稀"，八十为大庆。

寿诞仪式中首先要设寿堂，就是为祝寿活动而设的房间，北京大都设在堂屋里，故称"寿堂"。寿堂正面墙壁上，挂绘画或刺绣的"寿星老"或者"寿"字的寿帘，两旁有对联，一般上联为"福如东海长流水"，下联为"寿比南山不老松"，两边墙或别处贴挂着什么"麻姑献寿"、"福禄寿"的吉祥画卷。中堂或寿帘下面，有八仙桌，放着香炉，两个蜡扦，上插大红色的寿烛。寿案上还有从香蜡铺里请来的一份木刻水印的"本命延年寿星君"的神码儿和黄钱、纸元宝等垂在供桌的两边。

在条案上还要上寿桃、寿面等象征长寿的食品和礼品。八仙桌前挂一块绣着吉祥图案如"龟鹤齐年"、"五福捧寿"的桌围，衬托出祝寿的气氛。在八仙桌前，有块红垫子，这是用来拜寿时，跪在上面叩首。

"寿星老"即做寿者，身穿带有福寿

图案的长袍、马褂，稳坐太师椅上，不时接受家人和客人的叩拜，平辈者拱手揖贺，晚辈者叩首以拜。

寿宴是寿礼中的一项重要程序。主人家要大开宴席，款待来宾、亲友，宴席上一般都鸡鸭鱼肉、山珍海味、冷热双拼等，宴席必不可少的是面条、馒头，俗称"长寿面"、"寿桃"，寿面要细而长，寓意长寿，旧时都在馒头铺订做。面条码放如塔形状，顶部成桃形，放在大海盘内，长寿面上端一个寿星供花，下边罩上红色剪纸或红寿字，显得格外喜相；寿桃就是桃形的馒头，头上涂上红点以示喜庆。

我们再看小说《红楼梦》中的第七十一回，就有描写贾母庆八十大寿的场面。贾母寿日是八月初三，在七月二十八日就张灯结彩，大肆铺张了。京城大户人家办大寿，其景象虽不如《红楼梦》中的贾府，也大体相同。

宾客礼俗

"寿星老"的亲朋好友等宾客，在接到请柬后，必须做些准备工作，因这不是一般性的走亲访友和赴席。因是礼仪性活动，就需做好祝寿前的准备：寿礼。参加祝寿活动都需携带一份寿礼，除一般寓意长寿的礼品外，再带面和鱼，面称"长寿面"，鱼象征富富有余、百岁有余之意。还可以送寿幛、寿匾、福禄寿瓷像等；着装上，祝寿者宜用红、黄的服饰，含有喜庆之意。万不可穿黑、白色衣服；再准备些吉庆祝贺之语，颂扬话多说，无论对寿星还是家中人、亲友，都要如此。在席间要有节制，不能饮酒过量。尽量别带小孩去，以免吵闹。

若送寿联时，最好按寿星的年龄来书寿联的内容：如五十岁，可书写："庭下人翻五色裳，三千朱履庆南山。"含有五十大寿的场景。若六十岁："二回甲子春初度，八月秋高仰仙桂。"七十岁："年尊古稀为上寿，轻翻朱履随南极。"八十岁："耆年可入香山寿，硕德堪宏渭水滨。"九十岁："八十再进百令觞，九十风光乐有余。"一百岁："祝嘏高悬百寿图，海屋筹漾一百寿。"在送寿联时还要根据寿星本人及家庭情况，是男还是女寿星、家中是从政还是从商等具体情况，来赠寿联，寿联内容要适合对方情况才好。

寿礼尾声

寿礼的最后一种仪式叫"送灯花儿"，在旧京盛行。灯花是用彩色灯花纸捻成花形，盘中放香油，将彩捻蘸上油码在灯盘里。灯花的数目要比做寿者的岁数多两个，其含义是：一个为"本命年"另一个为"增寿年"所设。晚间由寿星老亲手点燃后，由其子女和前来祝寿的亲朋好友，每人手托一灯盘，排队到大门外与八仙桌上所摆的神码、敬神钱等一块儿焚烧。这一举动称之为"送灯花儿"。

当一日祝寿活动结束以后，主人家大都适当地赠给宾客一些礼品，即回礼，俗称"敬福"。当主人赠礼时，不要拒绝收受。

旧京寿礼的几种形式

居士的寿礼

一般住家信佛的人，称为居士，居士在办寿日时往往按佛事来办。

在他们生日那天，在寿堂上供的是他本人的"长生禄位"（即红纸牌位），有的挂上百寿图图案的幡门幡条（窄长的旗子上有佛门图案，垂直悬挂）。正面高挂三世佛（释迦牟尼佛、药师佛、阿弥陀佛）高大画像，供桌上有大蜡烛一对，供具齐全，香烟缭绕。

在寿日请和尚、居士数人念"寿经"

（指《药师琉璃光如来本愿功德经》），一般要念一白天。和尚和居士们先举《香赞》：《炉香赞》、《戒定真香》和《清静妙香》，称"南无本师释迦牟尼佛"圣号三次后，再念《开经偈》，再三称"南无药师会上佛菩萨"或"南无消灾延寿药师佛"，随之僧众居士合诵《药师琉璃光如来本愿功德经》。另有办寿人的子女晚辈捧着疏条，送到门前焚烧。要上四道疏条，即在开坛时是送给佛陀耶的，第二道在上供时送给达摩耶的，第三道在圆满时送给僧伽耶的，在送圣时送给消灾延寿药师佛的为第四道。

居士办寿日，请僧众、居士念寿经，做祈建增福延寿吉祥道场的，是屡见不鲜，直到解放初期。有的怕让外人说其搞迷信活动，在 50 年代有的采取隐蔽形式过寿日。

居士办寿日自然要用素食为席，来招待贺寿的宾朋。当年隆福寺街路北有一家宏极轩饭馆专门经营素菜，那真是纯素，在京城颇有名望。素菜馆的掌柜，每天早晨去门前一坐，凡各类菜蔬等物品，掌柜必亲自检查，决不许有一点荤腥进入店门，在这里工作的，不论灶上的、案上的以及执事人等，每年也不许吃葱花。所以,凡居士等吃素食的人,每有宴会都在这里举办,九城居士和富者之老太太,常派人到这里取菜,或饭馆送上。居士办寿日,更是遵佛教的戒律,戒杀戒酒,祝寿的人也参加佛教仪式,来祝寿者称之"随喜"。

旧时大户人家、商家,信佛的老人甚多,30年代的同仁堂老药铺经理乐松生,在海淀的乐家花园为其母办寿,做了三天道场,他为了办好法会不惜重金,给和尚赠三件新袍,绣三堂花衣(僧人做佛事时所披彩缎绣花的偏衫),还新置法器,事后送给佛门。并在后院里佛堂上,展示大量的金、珠、古玩和珍贵的药材,一时传为京都佳话。

富有者的"白事"办寿

办寿日是个喜庆事,但旧时京都无奇不有,有的巨富年事已高,却想在生前看看自己的后事,喜事当做丧事办。穷人管此举称为"有钱烧的是热烧包"或"吃饱了撑得胡来!"

当然,毕竟不是办丧事,所以请扎彩子的名匠,扎大红缎子的彩球,悬于彩牌楼上,高搭寿棚,也设月台(一般都在丧棚里设月台),请和尚、道士、喇嘛在经台上轮流高念"寿经",称之为

"祈建增福延寿消灾解厄吉祥道场"，还有大锣、大鼓奏乐等。

做完了道场在送圣之时，还要烧一份冥衣铺做的"寿生楼库"（包括扛箱四个，内装花红纸钱，一楼二库）。有的还糊金山、银山、金童、玉女、桌椅、盆景等等，和丧事一样，在库楼和杠箱上贴上封条（用红纸）。到了傍晚，鼓乐在前，僧道随后，吹吹打打到无人处焚烧。

按办丧事的做法办寿日，除"寿星"看看新鲜、热闹外，其意在死之前，就先建了到死后在阴间的住宅，此举被称为：预修冥府。

办善事过寿

前文"人寿俗套"中说到"买鸟放生"等，以办善事来增寿的行为，因此，旧时有些信佛的人，多数是居士，在他们过生日时，有的以办佛事的形式来办寿，也有的则以"放生"做善事的形式来办寿日。

所谓"放生"，即有的人买些鸟、鱼等动物，在生日那天，鸟放天空、鱼放水里，以救动物一命，来为自己增寿、消灾延年。

以地形取胜的会贤堂饭庄，是盛夏、春、秋办寿日的好地方。其饭馆丰盛，物美价廉，非常兴旺。在会贤堂饭庄门前附近，专有不少卖鸟的小贩，将一些鸟雀放在一个大笼子里，专等饭庄办寿事去买。那些"一口京腔，两句二黄，三餐佳馔，四季衣裳……"的富人，为显示自己慈悲心肠和办寿隆重，当着亲友，把鸟贩子的鸟儿全部买下，把盛鸟的笼门打开，作为放生，来个天高任鸟飞。群鸟腾飞之际，众亲友、鸟贩子无不高呼："老寿星您多福多寿!"给寿星老请安祝贺："您修好啦! 佛爷保佑您长寿多福!"等等。

还有一些杀人不眨眼的军阀，家中办寿，到菜市场买数百尾活鱼、活虾。费若干银元，去后海，在广化寺前放生，以办寿日做善事装点门面。

堂会和现代寿礼形式

祝寿活动在旧时，除最下层穷人外，不论排场大小，不管穷富，当老人寿日时，都有个举动。但孩子的生日，除少数人家外皆不举行，或不大办。解放前后，拜寿形式也多样化了，寿礼不仅仅限于祝贺、祝福增寿，而有了新的内容，还赋予了新的意义。如赞颂长寿者为社会所做的贡献，以启发鼓舞后人。那种大讲排场、摆阔气的场面也少见了，出现了不同形式祝寿礼仪。旧时与现代寿礼的几种形式，大体如下：

喜庆堂会

旧时官场、富绅等大户人家，办寿日，为了招待来贺寿的亲友，主人除了设华宴以外，还要办"堂会"。"堂会"就是请艺人到家里演戏曲等节目，"堂会"必须有"玩意儿"，玩意儿即指戏曲、杂耍等娱乐节目，从而就更增加了寿辰的喜庆气氛。

"堂会"种类不一，北京名人、大户以"大戏"即京剧为多，还有河北梆子、皮影戏、什样杂耍、全堂八角鼓、莲花落等等。

堂会时间也不同，有演半天的、演一晚上的、一天的、一夜的，甚至三天的等。时间长的，可由主人家点戏，称为"全包"，时间短则由戏班自己配戏，称为"分包"。艺人去堂会演出，称为"走堂会"。

过去大户人家，凡有财势者，宅中都设有各式戏堂，如院中有戏台和室内有戏台。如恭王府中的戏台就设在宽敞的大厅内。

1937 年前后，溥心畲和溥叔明弟兄

二人就住在恭王府内。他们二人为母亲项太夫人办七十大寿，就举办了堂会。

宾客来后，先去寿堂给项老太太拜寿，主人在旁陪着，然后招待去入座听戏。场内有走路的过道，左右对称设有"官座"，座上有椅套，前有桌子，围着桌围，另外都是一排排的"二人凳"，也有凳套。午前开戏，每张桌子在晚饭后摆上四碟包子、小八件等食品，有茶水，这种招待谓之"灯果"。

堂会戏在正剧之前先由演员扮成福、禄、寿三星，给"寿星老儿"演《天官赐福》、《蟠桃会》、《百寿图》等祝寿戏。这天弟兄俩为母祝寿用的是富连成班底。

那天"灯晚戏"有程继先的《临江会》、尚和玉的《四平山》、孟小冬的《骂曹》，还夹杂着票友下海的演出。

1912年袁世凯在中南海怀仁堂，为之办寿时，他差不多把北京的著名演员都调去了。演的都是祝寿的吉祥戏，如梅兰芳的《麻姑献寿》。《蟠桃会》中杨小楼演的孙悟空、范宝亭演的小猴等。还有谭鑫培、龚云甫、侯喜瑞等演出的《龙凤呈祥》，是堂会的压轴戏。

一般门户的堂会，请八旗子弟自由结合的小班、演八角鼓、十不闲——莲花落，都是义务演出，"茶饭不扰"，也不设酒席只有清茶。

家寿

解放前京城一般人家所举行的都为家寿，还有皇帝的大寿。一般家庭都要给老人过寿日，后来由于生活条件的改善，也适当地给其他人和孩子过生日。

家寿虽然规模不大，但要吃长寿面，或送些寿桃、寿糕等，大都不备寿礼，在晚上或中午举行家宴。解放后由于生活提高，每年都要给家庭成员过生日。逢十的整寿，规模要大些，有少量亲朋好友参加。有的在饭庄里摆一桌酒宴。

家寿中惟"寿糕"、"寿面"、"寿烛"是必不可少的，而且要放"祝你生日快乐"的歌曲。

家寿还要准备一些饮料、茶点、果品等，用来招待客人。然后寿宴开始，先要点蜡烛，大的蜡烛代表十的整数、小蜡烛一支代表一岁，蜡烛插在生日蛋糕上，用一口气将之吹灭。这一风俗最早始于古希腊。因古希腊人崇敬月亮女神阿蒂梅斯，每逢月亮神的生日时，都要在圣坛上摆插有蜡烛的甜蛋糕。后来古希腊人过生日时，也在蛋糕上插燃着的蜡烛，还增加了祝愿的内容，他们认

北京礼俗

为一口气吹灭了所有的蜡烛，便可以实现自己祝愿的内容。谁知这一习俗流传各地，在过生日时都有了这一程式，一直沿用至今。

吹熄蜡烛后，寿宴进入了高潮，在"祝你生日快乐"的歌声中把寿糕按席上的人数切成等份，先敬给寿星，然后每人一块。寿诞结束后，家人和来宾祝寿，并献上一份礼品。这种家庭寿诞形式不追求排场、阔气，破费不大还不失礼，还有亲切感。寿宴后，还有搞些即兴的小节目，在家寿整个过程中，还不失时机地照些照片，宴会照、全家照，专门成册，有闲时翻翻，别有乐趣。

团体寿

团体寿是一种新的祝寿形式，其特点是祝寿者是团体，被祝寿的也是团体。

早在1945年1月，在解放区延安时，就举办过团体寿。请50岁以上的人，全体登台接受大家的祝寿。台下人都是50岁以下的，大家向老人以诗歌、祝辞祝寿，其内容大都是赞颂老人们对革命的贡献，还联系当时的革命形势和任务，大家表达向老人们学习的心愿，会场气氛热烈，与会祝寿者和被祝寿者，都有一种革命大家庭的亲切感，使人精神振奋。

这种团体寿解放后在工厂企业里也举行过，一般是全厂某年某月生人的聚在一起，厂长参加，由食堂筹备寿礼和寿宴，大家畅所欲言，谈任务、谈形势、提建议，共唱"生日快乐"的歌曲。每月举行一次，通过团体寿，密切了干群关系，体现了主人翁的精神，欢欢笑笑在一起，显得亲密无间，从而激发主人翁当家做主的积极性，促进企业的发展。

北京礼俗

婚姻礼仪

婚嫁自古以来都是人生大事，婚姻礼仪被视为人生的大礼，男女结婚后组成家庭，才能生儿育女传宗接代。国人一向认为"家"是社会安身立命之本，还认为"不孝有三，无后为大"，不仅是"养儿防老"，还是使祖宗的血脉传承，因此，男女婚姻是人生大事。讲究"门当户对"，在解放前的婚姻，基本上都贯穿着"父母之命，媒妁之言"，进行婚姻礼仪。

婚姻作为民俗现象，主要内容包括婚姻形态和婚姻礼仪。北京各民族间的婚姻是有些差异的，这里，着重对汉族婚姻的民俗考察。

作为封建社会都城的北京，民间的礼仪从来都是讲豪华阔气，倾家财筹办婚礼，整个婚礼的进行，要经过很多的繁琐仪程。但主要有六个程序即："纳采"、"问名"、"纳吉"、"纳征"、"请期"、"迎亲"。这六个程序称之为："六礼"。这"六礼"始于周代，本来多是流行于皇宫贵族，后来又传至民间，一直延续下来，直至解放前夕。虽然后来有些从简，但仍大体按此顺序进行。下面具体介绍婚聘中的礼仪。

婚礼前仪程

提亲

提亲即"六礼"中的第一个程序，也叫"保亲"，是"六礼"中的"纳采"。

谁来提亲，是媒人，即介绍人，旧时妇女一提自己婚配往往会说：姑奶奶是三媒、六证，明媒正娶的，以表示对自己婚事珍重。

"三媒六证"的来历，在民间还有个传说：古时某地有三个人，心地善良又很聪明。一天经过一家，门前有木板，上写："有志不在年高，无志空活百岁。"这三人一见认为，这家主人还很有志气，他们就想结识，于是上门一看，有个年轻人迎了上来以礼相待。

这三人想考察一下这小伙子的才能就说："我们想每人都提个问题，看能否办到，我先提：你能否做出太阳那么大的一个馒头？"老大问完老二接问："请你装海那么大的一缸油。"老三最后提出："你给我织出路一样长的一匹布吧。"

小伙子说:"你们明天来吧!"

第二天三人来了,见小伙子没事似的在家,老大就问:"馒头做好了吗?"小伙子说:"我准备了好多面,就等你把太阳摘下来照样子做呢!"老大被说住了。老二问:"海一样多的一缸油准备好了吧?""准备好了,就等你称出海水的重量啦!"老二也楞那儿了。老三接问:"我那路一样长的布织完了吗?"小伙说:"织是织了,可你得先把路的尺码告诉我,我才能量布呀!"老三也呆那儿了。

小伙子又郑重地说:"我想要六证,请三位兄长给找到吧。"

这哥儿仁也不知"六证"是什么东西,就到各地去找,询问了很多人,也不知道。他们又进了山,在一个山花如火的山谷里看见个年轻的姑娘,长得很聪明,哥儿仁就问她:"我们到处寻找'六证',你若有请卖给我们,钱多些也要。"姑娘一笑:"跟我到屋里取吧!"

三人跟姑娘到家里,她便拿出一个升、一把剪、一把尺、一面镜、一个算盘和一杆秤。三人说:"我们不要这些东西,我要的是'六证'呀!"姑娘说:"没错,你想要知道粮食的多少,升可做证；衣服式样好坏，剪子做证；布的长短，尺子做证；相貌如何，镜子做证；东西的轻重，秤可做证；钱有多少，把帐结清，算盘来做证。世上的人能离开这'六证'吗？"

三人听后大悟，忙给了姑娘不少银子，又看姑娘年龄相貌和让他们找"六证"小伙子非常相配，于是经过三人介绍，拿着"六证"就和小伙子结成良缘，从此"三媒六证"就流传了下来。成了婚姻礼俗，行婚礼时桌上要放尺、剪、升、镜子、算盘和秤这六样东西。

旧时北京家里子女二十岁左右时，就有媒人上门来介绍对象即提亲，也有亲友提亲的，叫"说媒"。一般媒人为中年妇女，有的成了专业，跑东家、说西家，全凭腿勤嘴巧，婚事成功后，两家都要用礼物"谢媒"。

男女家长经媒人介绍同意后，要先"过帖"，两家各用红纸折子写上男女双方家族的籍贯，三代官职，双方认为门当户对后，再过"八字帖"。"八字"即男女的出生年龄、生日时辰等，用八个字写出来，故称八字。这"八字帖"，是用来请"星命家"来推算命运的，俗称批八字。在交给算命的之前，先将"八

北京礼俗

字帖"放在灶神炉旁三日，在这三天内，家里若无器物损坏，婚姻可成，不然为凶。

在进行以上礼仪中，年轻男女都不能见面，更谈不到爱情。后在清末民初，北京才有相姑爷之说。即在媒人陪同下，约好时间、地点，一般都在庙会上，借游览之机相看男女，主要看相貌如何，有无残疾，在相看中，并不介绍双方相识，只是暗中一看而已！这叫"暗相"。也有将双方相片交换互看即可。

合婚

经过双方明查暗访，双方家长没有异议，经过互换"门户帖"即双方姓名、年龄、籍贯、三代等，再换过"八字帖"，两项都没问题后，还要看属相，属相不合亦不可结合，属相也没问题，婚姻方可往下进行。

合婚，就是看双方属相和命运有无问题，认为双方属相必须相合方可成婚，否则，婚后不是相克就是妨碍家运、父母等。如属虎的姑娘，婚后克夫，终为寡妇，说"虎丫头必缺一角"，人家都忌讳。结果不少属虎的女方，不敢说真属相，或说属牛，或说属兔，以免嫁不出去。属羊的也克丈夫，什么"十羊九不全"

等等。所以属相相合，是合婚的首要问题。十二个属相相结合也有规定，即："青兔黄狗古来有；红马黄羊寿命长；黑鼠黄牛两兴旺；青牛黑猪喜洋洋；龙鸡相配更久长……"此外还有"十二属相相克犯"的民谣："蛇虎如刀错；龙兔泪交流；金鸡怕玉犬；猪猴不到头；羊鼠一段休……"

这种把自己命运和属相联系起来，不仅在民间，封建统治者更是如此。早在宋朝徽宗时，因为皇上属狗，所以传旨："禁天下杀狗"，在当时引起了太学生的不满，于是问道："徽宗之父属鼠，何不禁天下养猫?"元朝皇上元仁宗属鸡，因此在大都内禁止倒提鸡，凡买鸡卖鸡，不论死活，只能抱鸡而行。明朝武宗帝属猪，因此不准人们养猪，禁令一下，全国之猪几乎绝种。

清慈禧更是相信属相，因为她属羊，凡身边属虎的太监、宫女一律杖责后逐出宫门。凡带羊字的戏名，或改名、或禁唱，颐和园附近的六郎庄，因此改为"太平庄"……

所以，合婚双方的属相是重大"原则"问题，岂可忽视。

有人还按十二生肖属相编成了俗语

北京礼俗

歌：

　　老鼠不留隔夜食，
　　水牛身上拔根毛，
　　画虎不成反类犬，
　　兔子不吃窝边草，
　　天龙难斗地头蛇，
　　打蛇要打七寸里，
　　羊毛出在羊身上，
　　青肚猴子教勿乖，
　　偷鸡勿着蚀把米，
　　打狗要看主人面，
　　千年野猪老鸹食。

　　可见十二生肖属相，深深印在人们生活当中和口头上。

　　合婚，也是"六礼"中的"纳吉"。从这个仪程中我们可以看到，这婚姻礼仪不仅仅是"以父母之命，媒妁之言"为依据，而且还要把"天神之兆"听天由命为依据。所以合婚是双方缔结夫妇是否能成立，最为重要的一关，各方面都相符，八字不合，属相克立，婚姻也就告吹，无法再往下进行。

　　旧时合婚正因为重要，硬要成婚者，那就给命馆先生钱财，有道是：有钱能买鬼推磨，算命的在"八字"上略作手脚，命运就相合，并称之为"破解"。只要通过命馆合婚，开出合婚八字帖（俗称龙凤帖），就算履行了结婚手续，得到社会承认。

放定

放定俗称下彩礼、过礼，是婚礼中的重要程序，以此确定婚姻关系的仪程。放定仪程是经过合婚通过后第一仪式，亦称"小定礼"或"放小定"。

其内容主要是男方送给女方礼品，如一个金戒指，经济状况不佳也可送银戒指等。女方收到后戴在手上，表示"有夫"之意，还有祝愿女方细指玲珑善做针线活等。富贵人家放小定时，讲究：金戒指一对；镯子、耳环各一对；颈圈一个，其含义为祝愿姑娘稳重，遵守男方的"家法"，不做失礼之事。

放小定后，要改变发型，过去姑娘留大辫子，要用红头绳扎上辫根；若留鬓角发者，把下垂头发剪成齐眉穗，以示订婚。

放小定后，双方要做准备，女方做嫁妆，男子打家具等。经过或长或短的时间，就要"放大定"了。这意味双方婚事已成定局。旧时女方向男方要财礼时，就在放大定时提出，有时双方还讨价还价，女方家长如同卖女儿一般，是买卖婚姻的突出表现。但北京还是较为厚道，一般女方不强求或为难对方，从实际出发，若对方不宽裕，仅是象征性地送一些省钱的礼物也就行了，因为女儿还得过去生活，给亲家破财，对女儿不好，还是以亲情为上的。

一般男方给女方准备好财礼后，便由男方提出婚期和女方商议。并选一黄道吉日，通知亲友举行"大定礼"。男方按女方要求送上财礼。富裕人家除送上财礼外，还要送上两架食盒，一坛酒，两只鹅。旧时在北京街头常见送大定礼品的，鹅声大叫，礼品队伍成行。第一架盒的第一层盒里装有"龙凤婚书"。红信封面上书"龙凤婚书"，两侧印有龙凤图案；第二层礼食盒装有首饰，三层为衣服。另一架食盒里，一层装"龙凤饼"，就是有龙凤图案的点心、肘子、羊腿。二、三层装新鲜果品各四盘。其果品各有内含，如枣和栗子为早生贵子。花生表示男女交替出生，柿饼表示事事如意，苹果则平平安安。女方收礼后，要把肘子和羊腿送给媒人，俗谚有"媒人跑了腿，赔她猪羊腿"。龙凤饼和请帖分送亲友。亲友要根据亲戚关系远近和经济状况，给女方回礼，俗称"添妆"。女方不能将大定礼的物品全都留下，要返回一部分，表示女方对未来公婆的回敬，俗称"回盒"。

送嫁妆

在女方嫁前的头一天下午，娘家要把一些礼物陪送过去，称为"陪奁"。《燕京积弊》载："凡聘姑娘（即嫁女）的主儿，不论大家小户，贫富不等，但有一线之路，都是陪送点嫁妆。"有民谣专说此事："月亮月亮，光照东墙，张家的姑娘好嫁妆，金皮柜、银皮箱、虎皮椅子象牙床，锭几粉，棒几香，棉花胭脂二百张。"这歌吟唱的是上等人家。陪嫁的多少要看具体的经济状况。嫁妆多少，以抬计算，抬又分高抬和矮抬，高抬放如意、钟表、衣服盆景等，放在茶桌面上，一茶桌为一抬。矮台就是柳条筐，什么便盆、脚盆、痰桶等，放在筐里，由两人抬。上等人家讲究六十四抬，为全份，半份是三十二抬；中等人家三十二抬、二十四抬；下等人家（贫者）为十二抬、八抬、六抬。

送嫁妆的队伍在街上一走，引人注目，茶桌四周用红布围上，桌两边两根竹竿，前后两人一台，有够不上抬的一

些用品，放在箱子里，找"窝脖儿"即
扛东西工人，把箱子放在头和背之间，
扛着送到男方家，这是一种艰苦的劳动，
过去东晓市、前门大街嫁妆铺前边，总
有七八个人，坐那儿等活，这些人就是
扛肩工人，俗称"窝脖儿"。老北京有歌
谣说"天下事有谁当，千斤万两我来扛，
埋头负重，都为人忙。扛上去，血汗淋
漓，放下来，明月一肩。"这些扛肩的，
有时坐半天不开张。

送嫁妆的队伍走在街上，不少人品
头品足，一看嫁妆多少、物品等级就知
道聘姑娘的家境如何。嫁妆送到男方门
前，男方要出来四至八人迎妆，家底厚
的人家，还要奏起鼓乐来迎妆，还由媒
妁二人和新姑爷到女方家去"谢妆"，由
新姑爷走入正房，向上三叩首即可回去。
女方父母也不接送和招待茶水。

女方送嫁妆后，第二天男方就要迎
娶新媳妇隆重举办婚礼了。

婚典仪程

迎亲又称亲迎，是"六礼"中的最
后一道程序，也是整个婚礼过程的最高
潮。迎亲就是把新娘迎到男方家，然后
举行一系列的礼仪活动，也就是而今的

婚礼。

迎亲前的准备

北京人过去把办喜事即举行婚礼，当做一生中的大事，旧时办喜事讲排场、摆阔气，有一首民谣就是反映当时办喜事盛况的："大姑娘大，二姑娘二，小姑娘出门子给我个信儿。搭大棚，贴喜字儿。牛角灯，二十对儿，娶亲太太两把头，送亲太太大拉翅儿。八团褂子大开襟儿，四轮马车双马对儿……"

办喜事大都在家里举办，后来有了饭庄子专门操理喜庆宴会，那里有罩棚，有的房子少，或图省事就花钱去饭庄子举办婚礼，但绝大多数都在自家举办。

自家办喜事，先请棚铺在院里搭"酒棚"，即喜棚，为亲朋设座以招待酒饭。在院里搭喜棚，冬天保暖，夏天阴凉，设有门窗户壁，棚的出口有个阁楼，可以避风。夏天棚上有通风卷窗，冬日可用砖砌成火池子烧煤取暖。棚顶四周围有栏杆，皆为红色，棚下四壁上端安玻璃窗，窗为红框，玻璃上四角有红色蝙蝠，取"蝠"字谐音为"福"之意，中间是大红双喜字。在喜棚里大摆酒宴，有如在室内。搭喜棚是婚前必须准备好的，是迎亲的一项重要内容。老北京有棚行，专操此业，京都四城九门都有棚铺，"东四、西单、鼓楼前"的棚铺最多，有"棚铺窝"之称。

在喜棚的棚口和门前，要用红黄和绿色彩绸，结成彩球，称之为"紧彩"，在大门的两旁要贴上红纸，在红纸上贴金字或用毛笔书写大喜字，男方门上贴双喜字，即"囍"字，据说这双喜字还有来历：北宋时的宰相王安石，23岁进京赶考，一日在途中，见马员外招亲在门前挂一盏走马灯，灯上写着"走马灯，灯马走，灯熄马停步"的上联，心中称颂一番便赶路去京城了。在考场上他顺利地通过了笔试。在面试时，考官以厅前飞虎旗作上联说："飞虎旗，旗虎飞，旗卷虎藏身"，让王安石对下联。王安石忽想起马员外择婚在灯上写的那幅联语，便信口答道："走马灯，灯马走，灯熄马停步。"对得珠联璧合，得到考官称赞。

考毕，王安石回家途中，走到马员外家门前见择婿的对联，王安石不假思索，取笔又将考官的联语即："飞虎旗，旗虎飞，旗卷虎藏身"写下交给马员外，马员外见他才华出众，字写的好，联对的也工整，就把女儿许配了王安石。并选吉日在马府完婚。正当新郎、新婚拜天地时，有报子来报："王大人金榜题名了！"王安石听后豪兴大发，想道这真是喜加喜，于是取笔墨大笔一挥写了一个大"囍"字贴在门前，便成了千百年民间办喜事，在门前贴"囍"字的习俗。一直传到今天。

喜字是我国民间的吉祥字，双喜字用于婆亲；单喜字用于嫁女。民间办喜事多在街门两旁贴上喜字。且一律用墨笔在大约一尺见方的顺红纸上对角书写，极讲究的才用胶水书写，然后洒上金粉，成为红的喜字。

旧时，京津地区民间婚事由于喜事类别、性质不一，故对喜字的用法亦各有不同：

一、办喜事的人家人口全，爷爷给长孙娶媳妇，而且是初婚，必须是用笔直书喜字，即不论用墨笔或金粉，都须直接在红纸上下对角书写双喜字四面。大门外每边各贴两面，使之对称。表示"双喜临门"。女家聘女，如其女初嫁，用红纸直书单喜字四面，亦按上法贴用。如果喜家给过继之子完婚，则以红纸贴金纸双喜字四面。表示其喜是"贴靠"上的。

二、结婚人如是"二婚",男家用红纸贴金纸双喜字两面,大门外两旁各贴一面。女家嫁女则用红纸贴金单喜字两面,贴法同上。

三、招养老女婿（倒踏门姑爷）,女家门前贴黄纸红双喜字一对。

四、冥婚,男家门前以红纸贴豆青色双喜字一对；女方门前则用粉纸贴黄单喜字一对。因旧以男为"天",女为"地",取"天青地黄"之意。表示是白事中的喜事。

办喜事的人家,除将喜字贴之于大门外,还在喜房倒贴喜字,谓"喜到了"（以"倒"谐"到"）。所有的嫁妆上都贴上红色剪纸形式的喜字；甚至天地桌上、当做香炉的木斗上也要贴上喜字。其形式大体比照上制。

但满、汉两族对喜字,尤其是对双喜字的认识并不一致。

双喜就成为喜庆、婚娶的吉祥符瑞。但满人办喜事,无论娶聘,一律都用单喜字,连迎娶仪式用的牛角灯也用红色的单喜字。王府门头婚嫁喜事,大门、玻璃窗都不贴喜字（只悬灯结彩）。室内每角四盏宫灯亦绘单喜字。据金裔完颜佐贤《康乾遗俗轶事饰物考》云,满人以为，双喜字是"奸"字的别写。用它来庆贺婚嫁不文明、不礼貌。故满人不用双喜字。只因近世满人在风俗习惯上受汉人同化，所以有人亦不再计较双喜的含义，仅拘礼随俗罢了。

喜房礼俗

一般人家都将正房中的东套间做为喜房用，做为新婚夫妇拜天地、坐帐的屋子。房中的玻璃窗都用红布帘遮起来，屋中设"天地桌"，桌帘是大红缎子，上绣鸾凤合鸣，桌上供天地爷和诸神像，神像一半插在红纸的口袋里，神像中的第一张是银脸的天地命，桌上还设有装着小米的升一个，升外贴红纸写上喜字，象征香炉，一对蜡扦上插红烛，做祭祀用，下边压着千张、黄钱等为敬神"钱粮"，还有新娘进门时用的桃木弓、柳木箭、马鞍、新秤等礼仪用品。洞房内四白落地，贴着红双喜字，炕上的铺垫全是新的，整个房间喜气洋洋。

为了防"冲犯"，除娶亲太太、送亲太太之外，不准别的女人进入喜房，还要禁止某些属相的人进喜房。

娶亲礼俗

男方按照规矩，需请一位年长妇人，做娶亲太太，这娶亲人太必须是"全福

北京礼俗

人"：上有丈夫，下有孙男弟女，除此条件外，还得懂得迎亲的礼节，会应酬的人，她的属相不能和新郎、新娘的属相相克。在迎娶中是男方娶亲仪式的总主持人。除娶亲太太还得请男宾迎娶，不论有无官位，都尊称男宾为"娶亲老爷"，在路上陪着新郎迎亲。有的家里还要找个男孩从男方家里提一壶"金银壶水"，倒在女方的水缸里，然后再从女方的缸里灌一壶水，带回男方家里，倒入水缸。如此交换"金银水"，有借水发财，相互发家的含意，为的是使双方家庭人财兴旺。

发轿礼俗

"大闺女坐轿——头一回"。这是北京地区至今仍流传着的一句歇后语。姑娘出嫁坐轿的礼俗，据说和乾隆皇帝有关。说乾隆第三次下江南途中，遇见姑娘出嫁的队伍，新娘是骑小毛驴随着走的，走到乾隆御轿前，因路窄互相停下，新娘及娶亲队伍的人也不知是皇上的御轿，乾隆一见，命落轿，走出轿一看是一个出嫁的场面，不由心喜，认为是吉兆，便有了兴致，就向新娘说："你要能做出一首诗来，我不但让路，还要用我的大轿送你成亲。"

嫁女一听，说："是真的吗?"

"我从不说谎言。"乾隆说。

新娘又问："何以为题?"

乾隆说："眼前情景。"

新娘虽不知是皇上，但必是皇亲或官吏，略加思索吟诗道：

你出驾，俺出嫁，

俺家（嫁）不如你家（驾）大，

老爷本是父母官，

不应与俺争上下，

民女当谢老爷恩，

赐俺大轿到婆家。

乾隆一听，这诗虽不雅却也押韵，就真用大轿将新娘送到了婆家。

后来人们知道那人是乾隆皇帝，认为皇帝亲赐大轿一定吉祥如意，于是姑娘出嫁坐轿的民俗就传下来了。

旧时北京为增添喜庆气氛，在迎亲的前一天，先将轿子放在家门前，供街坊四邻观看，图个喜相，花轿白天太阳晒，晚上灯光照，人们将此种做法称为"亮轿"。

迎娶这天，在发轿前，茶房请示娶亲太太：都忌什么属相，何时发轿? 娶亲太太吩咐过后，先让童子在新房里击三声锣，意在驱除邪气。从此刻起，新房不许进人，以免犯忌，主要是怕别人属相与新郎、新娘犯冲合。这个举动，俗称"响房"，锣声一停，音乐齐奏，喜轿人等备齐。启轿前先由娶亲太太进喜房给天地焚香，后令新郎给天地爷三叩首，这会儿茶房高声喊道："娶亲太太上香啦！"院内锣声猛烈敲打，茶房手托茶盘，内有历书、苹果、小镜子、芝芭香各一，红灯花一盏，请娶亲太太"照轿"，此举也是为驱邪祟。再往轿内扔些花生、栗子、枣等"喜果"。然后娶亲太太上轿盘腿一坐，这叫"压轿"。新郎官和娶亲男宾及提"金银壶水"的小男孩，都乘坐四轮马车前往迎婚。此时鼓乐齐鸣，迎亲的仪仗队伍徐徐起行，一路上吹吹打打往女方家中走去。

仪仗队伍

清末民初仍十分讲究执事等仪仗，一些有头面的宅门府第、绅商富豪，多有模仿帝王仪仗的趋向，迎亲队伍中的执事人等，拿着"开道"、"回避"的大字木牌和提灯，高举着金瓜、斧钺等物，新郎戴官帽，新娘头顶凤冠霞帔。因为婚姻是人生大事，即使有些举动出了圈，官府一般也不加干涉，官员遇轿甚至要回避。

一般民间迎娶队伍在上午九十点（巳时）发轿，娶亲仪仗大都是开道锣一对，弯脖号一对，大红龙凤伞一对，伞顶上飘下两道黄绸，称为"幌"，专有两个人拉幌，伞前后各一人，共四人拉幌，执事中拉幌是最轻的工作，通常用老人、小孩亦可。笔者十岁时，曾在天桥一带参加执事工作，主要是负责拉幌。伞后面是绿色掌扇一对、大镜一对，还有金爪、钺斧、朝天镫各一对。接后面就是乐队：捧笙的、吹笛的、吹唢呐的各一对，大鼓八面。乐队后面是喜轿。由八名轿夫稳步抬轿。北京民俗讲究花红财礼、八抬大轿抬过来的，才算是明媒正娶。只有寡妇再嫁和娶姨太太才能用四轮马车。因此，北京人不论穷富一律用轿子娶亲。这轿子也很讲究，分一、二等轿，还有普通红轿。新旧程度、图案也不同。一般人家用一乘花轿，富户迎娶时用三乘轿，一红二绿，新娘一乘是封闭的，称喜轿，娶亲太太、迎亲太太各一乘，要放下轿帘。另外，喜轿还分头水儿、二水儿，头水是第一次用，给富有人家用的，他们讲排场，用头水轿以示阔气。在迎亲队伍中，抬轿讲究四平八稳，轿夫都训练有素，背直头稳，给人稳重感。轿夫在行进中都有一套行话，如右边有障碍物，前边轿夫就说："右门照！"左边有就说："左门照"，如左边有坑洼之处就说："左脚蹬空"，右边有坑就说："右脚蹬空"，还有什么"左脚滑、右脚滑"等等，以保轿子的平稳。尤其到了女方门前时，就得一步步慢慢地挪才行。

轿夫抬轿的功夫，尤其是脚步功夫，在途中讲究脚又快又稳，要练出这步法，须头顶一碗水，脚跟要踩稳，一直练到行走如飞，碗中水不洒出来才算成功。据说"四大名旦"中的程砚秋先生，为使自己的台步端正、凝重，曾按传统方法练习：手捂肚子，脚跟用劲，胯间夹一笤帚，在自家院子里几十遍、几百遍地走圆场。虽因此而得美誉，但他自己仍觉不够理想。一天他在前门大街看见抬轿的轿夫，脚步又快又稳，就一直跟着轿子走了好几里地，亲自向轿夫求教，轿夫告诉他头顶一碗水的练法，程先生听后，照此法苦练，终于掌握了这种步法并运用到戏中，他演出的《武家坡》，观众莫不为他那稳重、端庄的演技倾倒，只见他头不摇，裙不乱，台步又快又稳，这套功夫就是从轿夫那里学来的。

迎娶队伍中打执事的、吹鼓手一律穿绿色号衣，胸前绣大红双喜字，褂子长到膝盖处。轿夫都穿红边的蓝大褂。冬戴"秋帽"，夏戴"令帽"，即帽上有令箭状的羽毛。

整个迎亲队伍，浩浩荡荡，前面鸣锣开道，后面鼓声咚咚！各种乐器齐奏，旗、伞、扇、金瓜、钺斧、朝天镫悠悠举动，轿夫四平八稳，一路热热闹闹又不失威仪，引来满街的男女老少，争先恐后往前拥，指手画脚，好不热闹。

上轿前后和拜堂

迎亲队伍来到女方时，乐声大作，女方听到消息，要把大门紧闭，以避煞气。娶亲男宾和新郎上前叩门，要有礼仪性的问答。男方新郎叩门呼："开门，开门，别误吉时！"女方隔着街门向外边说："再奏些喜庆的曲子！"此时，新娘在上轿前，要用一根丝线顺着脸蛋往下绞细汗毛，这叫："开脸"。穿戴完毕才说："合叶开门！"门一开先把小铜钱或硬币及红纸包好的茶叶扬出门外，此举叫"满天星"，图个吉祥。

娶亲人等到女家客厅祝贺，向男方老人道"大喜！"接受祝贺的男方都说："同喜，同喜！"新郎要向岳父、岳母磕头，这叫"谢亲"。此时，男方有人要把女方事前备好"子孙饺子、长寿面"用的碗、筷"偷"过来。男方的娶亲太太要拜见女方的送亲太太，相互寒暄一翻，然后入席，这只是虚晃一招、礼节性应酬，并不真吃，只等茶房高喊："话到礼到了！娶亲太太告辞回府啦！"于是立起，要拿出"红包"给茶房赏金。

此时，轿夫抬"子轿"即指轿中小轿，到新娘房屋里，让新娘在屋中上轿。新娘头戴凤冠霞帔，蒙上盖头，穿红色上轿袄，由送亲太太扶上轿内。早在上轿前，新娘母亲早把一些钱放在她腰间，这叫"压轿钱"，说腰不空永远有钱花。离别之际，新娘哭声初起，继之哭声大震，此时哭不仅不犯忌，反认为是大吉大利，哭得越声大，婆家越发家。

娶亲后，在回程中不许走来时路，称之"不走回头路"，须走另一条路才行。抬轿子的轿夫，比来时更要稳重，轿前两个轿杆之间，有新娘长兄或弟弟"压轿"，在路上要遇到井、庙、坟、大石、大树等，要把娶亲花轿用红毡遮住，为的是"避邪"。若遇见办丧事出殡的，双方人员都得说："今日吉祥，遇上财宝啦！"

娶亲队伍到家门近处时，锣鸣鼓响更剧，男方也要关上大门，为"避煞气"或"憋性子"，之后，院内设火盆（烧炭火），轿子从火盆慢慢跨过，这叫烧走不吉利的东西，从而夫妻今后越过越火。轿子抬到中堂门停下，门与轿之间要有空隙，必须拿红毡堵严。新娘下轿后，要手抱"宝瓶"即漆瓶或景泰蓝瓶，瓶内有小米和大米，称之"金银米"。新郎象征性要射箭三次，要朝喜轿射，谓之"桃花女破周公"，也叫"射煞"，避邪之意。然后，新娘要跨过马鞍，"鞍"和"安"谐音，如此即保平平安安。这才足踏红毡步入洞房。再由娶亲太太打扮新娘一番，谓之"开脸"，即从姑娘变为少妇之意。随后在娶亲太太主持下进行最重要的仪式——拜堂。

拜堂俗称"拜天地"，拜堂在唐代就流行。北京的拜天地，是先给天地爷神位上香，同行三叩首礼，还要拜高堂父母和夫妻对拜，有的只拜天地神，拜后，主持人说"送神"，有人把香根和神纸、钱粮等，一块放在院里的钱粮盆焚烧，随之，鼓手们奏起清音，大礼告成。

拜堂后，北京有些数来宝讨饭的，这会儿前来给本家报喜，这场合一般都要赏钱的，数来宝的要唱喜歌、喜词，脑子快，往往临时编唱，我幼时听到的就有这套词句："唉！往前走，抬头瞧，娶亲亮出上等轿。本家奶奶心眼好，明年生个大胖小。奶奶高兴把钱掏，赏我几个不嫌少。唉！说道喜，我就来，本家奶奶双喜临门发大财！大奶奶您说我贫，您快给钱我走人，您办喜事我沾光，您老吃肉我喝汤。本家奶奶您大喜，多福多寿无人比。您办喜事是喜神，谁不知奶奶是菩萨心。接了钱，我就走，明年再给您道喜。"他们有的拿竹板，有的持牛排骨头，上系红绸、铜铃伴奏唱词，都能得到本家的赏钱。

洞房仪俗

洞房一词传说来源于秦皇统一六国后，建造了规模宏大的阿房宫，挑选天下美女陪伴他行欢做乐。在美女当中，有个非常聪明、勇敢又俊美的姑娘，因她排老三，人们称她为三姑娘。她不甘心被压迫的黑暗生活，就寻机逃出宫门之外，一直跑到了华山。

正当此时秦始皇对读书文人推行"焚书坑儒"的主张。有个读书人叫沈博，为避难，也到了华山躲藏。巧遇三姑娘，二人相互倾诉了逃到华山的原因和遭遇，二人从同情中产生了爱情，于是对天盟世，插枝为香结拜为患难夫妇。在这荒无人烟的深山老林中，寻到了一块青色巨石的悬崖底下，有个不小的山洞，足够两人生活，于是他把这洞权作住室。生活虽苦感觉上却非常美满，后来三姑娘生了个男孩，取名叫做沈香。

后人由于崇敬三姑娘不畏强暴争取自由的品德，在修建的寺院里，都供奉三姑娘的神位，并称之为"三圣母"，又羡慕其洞房生活，于是就把新娘居住的屋室，称之为洞房，一直流传到今天。

不少文人的诗句里也有不少"洞房"的词句，如"洞房花烛夜，金榜题名时"等等。随之婚礼中有关洞房的仪俗也就产生了，也出现了第一夜新郎、新娘入洞房后的一系列仪俗。

"坐帐"、"撒帐"、"露脸"

"坐帐"，亦称"坐福"，拜堂后新娘、新郎进入洞房，按男左女右位置挨着坐在炕上，新郎的右衣襟压在新娘左衣襟之上，表明已同床，暗喻男人压女人一头，以示男尊女卑之意。此举称之为"坐帐"。

"坐帐"后，将帐幔拉上，二人在帐

里呆会儿，再把帐子拉开，表示已共宿。

"坐帐"后，再举行"撒床礼"。由"全福太太"主持，手拿喜果如桂圆、枣、栗子、荔枝、花生，往床上撒，边撒边唱撒帐歌："一撒一团和气，二撒二人同心，三撒三多九如，四撒四季平安，五撒五谷丰登，六撒六合同春，七撒七巧成图，八撒八仙庆寿，九撒九子士成，十撒十全子孙满堂。"也有唱："一撒福，二撒寿，三撒三阳开泰"，"今日洞房花烛夜，明年产生状元郎"等众多吉祥话。表达了求子、求福、求富贵吉祥的愿望。

"撒帐礼"进行后，原新郎用秤杆，后来用双手把新娘头上所盖的盖头揭下来，这样新娘的面部就暴露在众人和新郎的面前。俗称"揭盖头"、"露脸"，又称"初会"。

揭完盖头立即把新娘头上的绒花摘下一朵，任插一处，插在上方生男，插在下方生女。新娘蒙头的盖头，是一块见方的红色丝绸布，上绣龙凤图案，古已有之。

交杯酒、子孙饺子、长寿面

"露脸"之后，新郎、新娘要同喝交杯酒，即用红绳相连两酒杯，由娶亲太太送给新郎，送亲太太送给新娘，新婚夫妇各饮半杯后再相互交换，即所谓"千里姻缘一线牵""白头到老"，也是"合卺"之意。

吃子孙饺子的仪俗在北京流传很广，直到解放初期仍为流行。子孙饺子是由女方包好后带来的，由男方煮熟；同时男方还要做长寿面。

在洞房里吃子孙饺子的时候，在洞房窗外有一群孩子大声问："生不生?"娶亲太太或者是新郎回答："生!"。有的还故意把子孙饺子煮得半生不熟的，好让新娘自己也说"生"。这是为了"讨口彩"，是早生贵子的吉兆，表示男方家中盼子生育后代的心情。

有的家宅当晚要摆下"团圆饭"。让新郎、新娘坐在首席，由娶亲太太、送亲太太作陪。若吃馒头，就说是"满口福"；吃丸子，叫做"团圆"、"圆圆满满"，吃四喜丸子则说为"欢欢喜喜"。不论吃什么，都往吉庆上说，以表示祝愿。

欢欢喜喜"闹洞房"

"闹洞房"是在花烛之喜的夜晚，亲朋好友，街坊邻居，全都启开了欢乐闸门，围着新婚夫妇说有趣的事，逗人的话，或游戏，难为新婚夫妇，博得一笑。

北京俗语："三天之内无大小"，无论老小辈分，都可玩笑欢闹，没有任何禁忌，有"闹喜闹喜，越闹越喜"之说。这个风俗早在汉代就已十分流行，北京地区无论城乡都少不了这般的场景。直到今天结婚也照样"闹洞房"。不过有的地方，闹得较为庸俗，就失去了庆贺的真实意义。

"闹洞房"除去逗乐哈笑之外，还有另一层意义，若把洞房闹得红火，有驱除冷清之意，增加新婚的欢乐气氛；也有人称此为"暖房"，因旧时男女结合都是经人介绍，双方并不熟悉，闹洞房能使他们去掉生涩之感；闹洞房还能让亲友之间熟知起来，显示宾朋兴达，增加亲友之间的情分，邻里之间的和睦。

"闹洞房"闹到一定时间和火候，人们就陆续回归了。人静后还有人未走，悄悄留在院中或窗下，专听新夫妇的小声谈话，此举称之为"听房"，但一般是听不到什么的。

洞房之内的灯，称"长命灯"，待第二天天亮时方可熄灭。在灯油里放少许蜜，俗称"蜜里调油，夫妇可亲蜜也。"

以上为旧式结婚，这种形式的婚礼，一直延续到五六十年代才结束。在三十年代后，在知识阶层和有钱人家的子女中，开始流行文明婚礼，废除了封建仪式和繁杂礼仪，这种婚礼仪式是受西方影响形成的，但绝大多数居民仍保持传统婚礼。

五四运动时期宣传男女社交公开，婚姻自由。于是参照西方婚姻仪式，一反传统习俗。新婚夫妇，女方穿白色长裙，男方穿礼服，用汽车、马车迎娶新娘。

典礼仪式简单、但庄重。先由证婚人郑重宣读婚书，请介绍人、证婚人用印章盖在婚书上，男女双方相互交换饰物，再向主婚人、证婚人、介绍人、来宾致谢，新婚夫妇相互敬礼，拜见对方亲属，再向参加婚礼的长辈三鞠躬，对所有来宾一鞠躬。所有承式皆由司仪人主持。在结婚典礼进行中，有钱人还请乐团奏乐，请照相馆摄影。那时还不准来宾洒纸花等。礼成后无宴会。在当时也是一种进步，扬弃了封建迷信的色彩。但在社会上流行的范围仅限于少数知识阶层和富裕人家。

附：溥仪的大婚和第二次婚礼

1922 年溥仪的婚礼，可以算是中国

封建社会最后的一曲绝唱，此后，中国就再也没有如此豪华，如此排场的婚礼了。这个婚礼的仪式，不仅绝后，也是前所未有的，那就是民国政府派来的军乐队、仪仗队以及军队、警察等数千人参加，整个迎亲队伍虽然壮观，但也有点儿不伦不类，显得几分滑稽。婚礼中的礼仪之繁多，真不可胜记。

大婚

在封建社会，只有皇帝的婚礼才称之为"大婚"，溥仪虽已退位，但婚礼仍按清代礼制，于 1922 年 12 月 1 日，旧历十月十三日举行结婚典礼。溥仪娶的是侍卫荣源之女郭布罗婉容做为他的皇后。婉容住东城帽儿胡同。

婚礼之前，十一月十一日举行纳彩礼，即民间婚俗中的"过礼"，这是大婚的第一项仪程。纳彩队伍的前面是皇帝钦点的纳彩正、副使，骑马执节而行，后面是举着旗牌伞扇的仪仗队，再后面是彩礼队和押运的保安队。纳彩队行至神武门外，国民政府派来数百名马队，由马队开道，后面跟着内城卫队、军乐、民乐吹吹打打、锣鼓喧天奔往荣府。

彩礼放在黄绸罩着的木亭里，八座木亭各放玻璃锦匣，分放金银锞子、金银花瓶、珠宝首饰、绸缎衣料、干鲜果品、龙凤喜饼，还有绍兴酒四十坛，头部染红色的绵羊四十只等等。

坐落在帽儿胡同的荣府，朱漆大门油饰的非常鲜亮，院里张灯结彩，三进的院落和东、西跨院已搭上起春喜棚、雕花窗户、玻璃隔扇、棚顶装饰兽头，整个荣府犹如宫殿。大门外立着荣源及两个儿子，听见乐声，迎着纳彩队跪拜纳彩正、副使，迎进门去，彩礼摆在院中，荣源父子谢恩，然后开宴款待"天使"。正、副使略坐片刻就回宫复命去了。

十一月十二日是大征礼，就是派人去荣府通知"大婚"的吉期。大征礼和上次纳彩礼规模相似，木亭又增加到十二座，除主要珍宝、金银绸缎外，有皇后大婚时穿戴的衣冠等。荣府仍同上次一样接待。

十一月三十日要举行册封皇后礼。这次除了仪仗队伍外，有木亭两座，里边装着刻有皇后姓名、年龄、出身及册封"圣旨"的金册，就是用小金环缀连一块的几张金页和皇后的金印，代表皇后身份和地位的"册宝"。还有凤舆一顶、金顶轿车一辆。其仪式和上两次相同,但皇后婉容必须到正厅朝"册宝"行谢恩礼。以上仪式完毕,最后就是迎娶,举行"大婚"典礼了。

十二月一日,夜里举行"大婚"典礼。

紫禁城内,从乾清宫到神武门,中间御道上,两旁身着清代袍褂的侍卫,个个昂首挺胸一字儿排开。一路宫门大开,全副仪仗:金瓜斧钺、伞扇旗牌等金银焕彩,熠熠闪烁,旗飘蟠龙,扇舞绣凤,在仪仗中最引人注目的是十六人抬的大轿,大轿金顶上正中,有一只欲飞起翅的金凤凰,下面是鹅黄缎子衣,上绣宝蓝色凤凰抱一双喜字,在轿顶的四周是一圈九只小金鸾,口衔金色黄穗。这凤轿只有皇后才有资格坐,"乘凤舆进大清宫"乃"大婚"礼一项重要仪式。

迎娶时,后和妃同时由两方迎婚之人,都从宫里出发,但尊卑各异,迎妃者非常简单,迎妃是由头挽紫线的旗妇,轿车数十乘;迎后的都是二品以上的大臣,乘骏马或肩轿。妃由家进宫,行时乘敞篷车一二辆,载其所用衣物,如迁居;迎后其规模宏伟,礼仪之繁多不可胜记。清最重嫡庶之分,一后一妃在大婚礼中不能马虎,身分待遇真是天上人间。

十一月三十夜，王公老臣齐集宫中，十二月一日两点传来鞭声三响，随之鼓乐齐鸣，盛典开始。溥仪身穿天青绣金龙袍，头顶红缨朝冠，端正地坐在龙椅上，下面的王公贵族袍褂朝服崭新，顶翎交错，向皇上行三拜九叩地朝贺礼。

贺毕，溥仪传旨：派迎亲正、副使及随行到荣府迎后入宫。随后又将一金镶玉如意放入凤轿内，号令下，凤轿稳稳起地，銮驾仪仗拥护下徐徐出乾清门，徐徐向神武门前行。民国政府派军乐队、仪仗队及军、警、宪机关步、骑兵数千人，在宫外静候，出神武门的迎娶队仗一到，军乐队、仪仗队等为先导，后跟一百对中式大鼓、牛角号，各种鼓号声此起彼伏，显得很壮观。有众多百姓拼得一夜不眠，沿途竞睹"皇上娶亲"，所过之处热闹非凡。

帽儿胡同的荣府辉煌一片，郭布罗荣源即婉容之父，穿青蟒补服，戴红缨帽，门前恭迎，身后站着二子，皆穿二品服装。迎亲队伍到后，作揖跪拜，凤舆进门，荣源作陪，在正门里边开宴，双方皆没动筷，只是说不完的吉祥话而已！

喜棚上挂各式纱灯、花束、彩球，地上一色的红地毡，一排排的方桌上面，放皇上送来的各种彩礼，使人眼花缭乱。

凤舆在上房阶下落，两位迎亲太太和婉容母亲及一班丫头等下人，忙着给皇后穿戴，婉容光彩照人，突站起扑母怀中，一声"奶奶"（满语称母为奶奶、奶奶称太太）大哭不止。

夜三时，院中乐起：皇后该起驾了！有人往婉容手中塞个苹果，然后乘凤舆从帽儿胡同出发，迎亲队伍从东华门直入乾清宫。

乾清宫门口，燃烧着个大铜火盆光照宫墙，凤舆要穿铜火盆，这是取"兴旺发达"之意。然后落轿。此时溥仪应连射三箭，意在驱邪，谁知他临时变了，传谕说：不射了，自然谁也不敢说什么。皇后下轿，和溥仪一同步行在铺好的红毡上，到交泰殿举行拜天地大礼，礼罢由宫人引入坤宁宫，皇后坐在东暖阁的"喜床"上，溥仪上前揭去皇后头上的红盖头，和她并坐，这就是"坐床"。接着吃了"子孙饽饽"和"长寿面"，仅吃一口，最后二人对坐在一张方桌上，共进"合卺宴"。至此"大婚"典礼告一段落，共度花烛之夜。

坤宁宫中的东暖阁，是帝后大婚之专用。坤宁宫本是供佛、祀祖之地，为何洞房设在这里？原来这是一种习俗，西暖阁为祀神大炕，称之为"祖灵熙佑子孙多"，其意在继承祖宗的香烟，多福多寿多男子……故将东暖阁为洞房。现在坤宁宫东暖阁的屋门上边，还贴着大红双喜字，就是溥仪"大婚"时的遗物。东暖阁不准贴"门神"，这是不能以"门神"拒绝祖宗于门外的含意。

第二天，皇后要行"捧柴礼"，帝、后拜天地、喜神、灶神后，共进"团圆膳"。第三天帝后接见外国驻华大使、国民政府代表，接受满、蒙王公，旧臣人等的三拜九叩的朝贺，然后大开筵席，摆一百多桌，宫内连演三天大戏。其内容为：十二月二日上午开演，晚七时散场。开场《跳灵官》，马连良、茹富兰的《借赵云》，还有陈德霖、龚云甫、杨小楼、梅兰芳等演出的《彩楼配》、《文昭关》等；十二月三日下午开演，有梅兰芳、杨小楼、余叔岩、李万春等演出的《杜丽娘》、《定军山》等剧；十二月四日下午开演，有尚小云、谭小培、俞振庭等演出《飞叉阵》、《游龙戏凤》等。

这次溥仪"大婚"礼，共耗资四十

万元（当时面粉两元一袋），原打算由历年来北洋政府所欠的"清室优待费"款项，但未获提取批准。只好用宫中咸丰、同治年间的珍贵文物，向英国汇丰银行抵押借款，才解决婚礼费用。

溥仪的第二次婚礼

溥仪的第二次婚礼，是在1962年，他54岁的时候。他从一个封建帝王，已改造成为一名普通公民。在1962年的"五一"国际劳动节前夕，在北京政协文化俱乐部的礼堂举行的。

于4月30日晚7时，已成为普通公民的爱新觉罗·溥仪，与一名从事护士工作的李淑贤女士正式举行婚礼。

第二次婚礼，虽然没有昔日的隆重场面，由于他的特殊身份，仍然为世人所瞩目。当时北京的名流、民主人士、各方面的领导同志等，都纷纷前来祝贺，在当时非常隆重，热闹非凡。出席婚礼的亲友当中，有载涛夫妇、溥杰夫妇、溥仪的几位妹妹和妹夫等，还有友好郑洞国、覃异之、杜聿明、范汉杰、王耀武、廖耀湘等等。李淑贤新婚的亲友和一起工作的同事等多人参加。

溥仪选的4月30日这天举行婚礼，是个非常有意义的日子。改造后的溥仪最珍惜的东西，就是他十年改造的成果——从一个封建皇帝改造成为一名自食其力的公民，"五一"国际劳动节中的劳动，无疑是他追求做一名自食其力的劳动者的向往与自豪。解放后每逢"劳动节"，在"五一"的前夕，北京全市各繁华街道，处处悬灯结彩，热闹空前，在华灯初上的时刻，万灯齐明，自然为溥仪的婚礼十分增色。这一天会使他们夫妇永志不忘。

婚礼那天的下午近七时，夫妇俩乘坐的是上海牌小轿车，向南河沿政协文化俱乐部驶去。小车刚停下，就被一大群贵宾围个水泄不通。溥仪和李淑贤各自介绍了自己一方的亲友，并一一握手，在人群拥动中，他们走进了典礼大堂。

大堂里的亲友来宾，分别围坐在一张张长桌前面，桌面上摆着糖果和茶点。此时溥仪和李淑贤在一张张桌子前，向亲友们一一介绍，握手、让茶、让烟。来宾王耀武说："老溥，明天就是五·一节了，你挑这日子结婚很有意义，好极了！"溥仪说："五·一是全世界劳动人民的盛大节日，作为一个新的劳动者，我对这个节日感到特别亲切。"

北京礼俗

婚礼上的主婚人是溥仪的七叔载涛。司仪是政协总务处处长李觉同志。在婚礼上,溥仪很激动地道出他的心底之言,就是对人民、人民政府的感激之情。李淑贤在致词中也说了自己对新生活的喜悦之情。

溥仪、李淑贤致词后,行完礼以为就算完事了,实际上刚到婚礼的高潮,那就是大家一哄而起让他们谈恋爱的经过。溥仪就粗枝大叶地说了一番,大家不满足,一定让新娘讲详细的经过。李淑贤较详细地做了介绍,从她的介绍人老周、老沙谈起,当告诉她被介绍的是"宣统皇帝"时,她吓了一大跳说:"我看戏里的皇帝都是够坏的,还是算了吧!"我怎能"和皇帝交朋友"哪!后经介绍人劝解,她和溥仪见了面,从接触中了解到溥仪是个诚实的人,后来产生了爱情,经过四个多月才下了决心,确定了她们之间的关系。

宾朋们怀着极大的兴趣听完新娘子的恋爱经过,又有人让新郎也说说对新娘的爱情。溥仪无法就讲了婚礼的前一天,即 4 月 29 日的一个小故事。原订那天他们俩去颐和园玩玩,作为恋人最后享受一番名园的风光,谁知被新华社、中国新闻社和不少电台、报刊的记者知道了，他们都想去抢这条新闻。这天偏偏新娘病倒了，溥仪当然舍不得新娘再去，又怕那些记者们傻等，决定自己去园中应酬记者。进园后记者发现只有"皇上"，有"龙"无"凤"都有些扫兴，又要求到新娘家里去，溥仪为证明自己不说谎，就把大家带到新娘家。

李淑贤正卧在病床上，一见那么多人背着相机，拿着闪光灯、录音话筒，当时吓了一跳，一会儿她意识到是来采访自己，就热情地接待了大家的讯问，在紧张、热闹的接待中，她急了一身大汗，顿感全身轻松，把病也急跑了！大家听完后，都被溥仪说乐了，从始至终，这大厅里都充满了欢乐的气氛。

溥仪前后的两次婚礼，反映了两种社会的婚礼有了"质"的飞跃，在不到40年的时间里，反映了老北京的婚姻礼仪有了天翻地覆的变化。从一个拥有"三宫六院七十二嫔妃"的"真龙天子"，到一名普通的自食其力的公民，自愿结成一夫一妻制的一般家庭，怎能不引起国内外人们对新中国的赞叹呢？

当婚假将要结束时，夫妻双双来到天安门前的金水桥拍照，面对着金水桥前面的五星红旗，从旧社会的污泥浊水中走过来的溥仪，充满对新社会、新生活的向往。

丧葬礼仪

《礼记》中说:"凡生天地之间者,有血气之属必有知,有知之属莫不爱其类……有血气之属莫不知于人,故人与其亲也,至死不穷。"所以传统思想认为:由于这种"血气之属",一个家庭里,当亲属死亡后,死者的后代,必思亲、孝亲,于是隆重的葬礼,就是表现死者的孝心,寄托哀思的重大行动。

葬礼是人生中最后一次的重大礼仪,通过葬礼显示死者的尊严和功绩,并以此影响生者继承其高贵品德,完成其遗志。

长者亡后,有财产之继承,其弟兄皆争先破费以图葬礼隆重,既表为子之孝心,在继承遗产中,也居优先条件,一举两得,何美不为,于是厚葬之风长盛不衰。

其风所及,不仅富户晚年置办"寿产",即买房买地,以备丧葬时售出,用其资办隆重丧礼之费用,中产者仿之,甚至贫户为办丧事也无不尽其财力以致倾家荡产或借贷维持。因此对社会和个人皆带来不利。此风至解放后，逐渐消失，但至今仍不绝响。

一户人家死了人，旧京称为"落了白事"，举办葬礼有一套繁杂的礼仪程序，其活动主要内容是：倒头、接三、送库、发引等等，还有葬后的一系列活动。

倒头丧俗

初终小殓

老年人生病疗养，一般都在正房的"套间"里屋炕上，躺在这里请中医大夫看病，到病情恶化时，即将死亡，医生就让家属准备后事了。初终时旧礼有"属纩"之举，纩是一种棉絮，因轻薄，稍吹即动，为验病者是否已亡，将新棉置于病人鼻口间，是否还有鼻息，可知是否去世。

此时，家人去街上到棺材铺赁"太平板"，有的将门板卸下，都是用来"搭床"用，在人尚有一息时，把他从炕上搭到临时的"搭床"上，此举叫"易簀"，实际上是换个床位，若不换，就会不吉祥。换床前先"更衣"，俗称"穿装裹"，即更上寿衣。

一般人家在死者生前就准备好寿衣，旧时京都寿衣庄很多，做寿衣的堆房南城半壁街最多。寿衣即用绸子做出清朝官宦所穿的样式，男人穿绵袍补褂，女人蟒袍、霞帔。普通百姓则用里面三新的绵裤、绵袄、绵长袍，无论官服寿衣还是民服寿衣，所穿之鞋，须是布底，绣有莲花图案才行，以表示足踩莲花即登莲台以成"正果"，绝对不能用皮衣、皮鞋、皮底，若用则下世转为牲口，而且无论什么季节去世，都要穿绵服。

穿寿衣后，还要在死者口中含一钱币，富人含珠玉珍宝，俗称"饭含"，有的还在死者袖内放上小面饼等食物，还有些纸钱，食物是去阴间路上给拦路狗吃的，钱则是给拦路鬼用的。

死者衾物为三铺三盖，贴身那层应铺黄盖白，上盖黄料印有红色咒文经咒的"陀罗经被"，上压明镜或铜钱。

死者有长辈就停床偏房，没有长辈在正房中间，灵前摆上供桌，上放"长明灯"，形状如塔，铜质，一般是从家伙铺租来的，用棉花搓成灯芯放油点着，说是给死者路上照明用的，不得熄灭。再摆上一碗"倒头饭"，还要在饭里插上三根秫秸棍，棍尖插上面球，说是死者

北京礼俗

走向"极乐世界"的途中，要走"饿狗村"，用来做防卫的工具，称之为"打狗棒"。还要把死者两脚用绳捆上，以防"诈尸"，此举称为"拌脚丝"。并严禁猫、狗进入灵堂。

举哀报丧

小殓后，全家跪在灵床前边放声举哀，富裕人家请和尚、道士、喇嘛、尼姑来为死者诵经，称"倒头咒"，烧"倒头纸"，点"引路灯"即从灵前到大门外，摆上用棉纸捻成的灯花儿并一一点燃，念"倒头咒"是为死者免罪超度以防来世转投牛马羊鸡狗猪之胎。

诵完"倒头咒"后，将事先用彩纸扎好糊成的"倒头车"、"倒头轿"在门前焚烧，这是让死者乘车、轿去"极乐世界"。

报丧：丧家向亲友、邻里等报告死讯、葬期，对近亲好友，都应孝子亲自报丧，否则会被亲友挑礼；对于远亲和一般朋友捎个口信也可。报丧的孝子腰间扎根白布带子，到各家报丧时，不能直接推门进去，要在门外喊亲友出来，叩头后说明来意，然后才进屋说话，报丧时除给亲友叩头外，凡是遇见认识的人，都要上前一步叩头，笔者幼时经常看到街上的报丧人,当时还流传一句口头语"报丧头满街流"。对远者亲友送"报丧帖",也叫"口报条"。知道丧讯者,应立即去丧家悼丧,哭于灵前。与报丧同时,丧家门前要用一根裹了白纸的秫棍,挑上白纸钱,其张数应和死者的岁数相同,按男左女右挂在门旁,这叫"挑钱纸",也叫"岁数纸",是死人的标志。

丧家室内春条、盆景、帽镜及凡有红色处都要贴上白纸,相片也应翻过去放好,以示志哀。丧家门前墙上,张贴丧条上书:"×宅丧事、恕报不周。谨于夏(国)历×月×日接三、×月×日发引。"大户人家则另有固定的文辞。

丧条上接三、发引的日期在清末民初皆由阴阳先生即看风水的阴阳家确定,由他确定后写在纸上,俗称"开殃榜"。《北平凡俗类征》载:"开殃:殃或作样,把死者的降生之年月日时,和死的年月日时,当中活了多少年,都开列在一张白色的纸上,贴在门口,表示寒门不幸之意。北平市之阴阳先生,要受公安局考试,合格立案而专营此业。他知道和管理以下这几事:(一)何时入殓,如入殓不得其时,则犯重丧,或犯天火(火烧棺材)。(二)安葬。(三)出殡后净宅。(四)点穴、破土。(五)规定办理丧事一切的时刻。"《清稗类钞》上说："京师人家有丧,无论男女,必请阴阳先生至,令书殃榜,盖为将来尸枢出城时之证也,阴阳先生并将死者数目,呈报警厅。"

所以阴阳先生奉公专操办此事,并协助官方查清死因,丧家向官厅中报死亡时,必须出具"殃榜",才能发给"出殡执照",凭照才能出城入葬。阴阳先生在街上还设立堂号。

成服装殓

成服:就是丧家及亲属穿孝、戴孝,要遵守有关的礼制,不许乱来。以汉人为例:男子孝服是头戴白孝帽,上缀棉花球,穿粗布白袍、白鞋。穿孝袍时里边衬衣也应换灰色。妇女孝服则是"麻花包头"和"搭头布",即用白布拧成麻花状扎于头上,下边搭垫方白布。无论梳何头式的妻媳或直系妇女,皆用白布包好,换系白头绳,然后戴搭头布,上包头。麻花包头还有区别,妻子和儿媳戴麻花头,亲侄媳戴双麻花包头,孙媳和未嫁的女儿戴三花包头,以花少为孝。至于远亲晚辈及亲戚家的妇女只戴单层拧燕窝包头。穿漂白洋布孝服的甥女和远亲，只围一窄箍或戴一白福字亦可。未出嫁的女儿、孙女若未梳头用长孝带围一宽箍结于头后，下垂背上。男女孝属皆穿白粗布长衣，北京称为孝袍子。

棺木：又称寿木、寿材。它是旧时一生争名夺利的归宿，俗话："要强一辈子，只有个好房子便知足"。"房子"即指棺材的俗名。

有钱人家在生前就买下棺材，前边贴上寿字，寄存在棺材铺或庙中，每年上一次漆，以防腐。棺材前贴寿字，据说还有来历：

说古时一姓皮的秀才，最喜名人字帖，即使没米下锅，见了好字也要借钱买来。但买的字中无王羲之的墨迹，他认为是天大的憾事，日思夜想，日久成疾，便命归黄泉了。

皮妻伏在丈夫棺材上大哭，边哭边骂王羲之害死了她丈夫。门前恰路过一名秀才，闻骂王羲之而停步，便迈步进门并劝皮妻说："夫人千万要节哀，听你骂王羲之不知何故？"皮妻见问长叹一声："丈夫皆因未有王羲之的字，思念而亡。"秀才一听说："请取文房四宝，我就送他一个'寿'字吧！"

原来秀才便是王羲之，他想皮秀才之死，也是自己间接地害了他，是因自己的字而减寿，故写寿字以赠。当王羲之刚写完寿字，棺材里的皮秀才突然出一口长气苏醒过来，便呼叫起来，用力将棺盖打开，幸好尚未钉上，众人皆惊，其妻用手摸皮秀才手发热，笑道："我男人确实活过来了，请勿怕！"

王羲之贺道："恭喜你死而复生！"秀才就说刚才正往地府走去，忽闻墨香，就将我引回家中。皮秀才边说边看，见棺材上真有个寿字，还泛出墨香，不禁狂喜道："这寿字乃右军神来之笔，喜也！福也！"

此时人们已知写寿字的秀才是王羲之，不由称奇。后传出棺材前写"寿"字，可使人死而复生，于是世代就沿袭了下来，逐成俗仪。

北京棺材铺里的棺木等级很多，最好的木料是阴沉木，是皇帝所用。其次是金丝楠木，笔者曾旋过此木，阳光下木质有金丝纹里，故有金丝之称。此种棺系封建王侯所用，一般官绅富户讲究用"杉木十三元"木棺，因是用十三根杉木拼成，故有此称，其木可延年不朽。再其次为较好的木料如黄柏、红松、红柏等所做的寿材，一般人家和穷苦者皆用杨木、桑木、栗子木、河柳等，最次的是"旱柳狗碰头"的，俗称大匣子。

大户人家还要在棺材外边涂上黑漆，用金色线在两帮上画"八仙庆寿"和"二十四孝"图案。一般人家也要在棺材头里画上圆寿字，周围画五只蝙蝠，棺后画上莲花，此举称为"头顶五福捧寿"、"脚踩莲花"。

丧家在棺材铺选好寿材，抬回家时，要装上金银财宝、五谷和煤炭等，再往家抬，这叫"不进空财"，材和财同音，以取吉利。

抬回家后就要举行"大殓"了，称之"入木"，即将死者尸体安放棺中。别看棺木等级有好次之分，但装人的功用却一样。装尸体时全家人皆在，称为"亲视含殓"。

入殓分高低之举，富者大部为高殓，即从棺材铺里租赁长凳，称之"交木"上，说是"离地三尺即成神"。一般都是低殓，将棺材放地上，先用烧纸包锯末，死者多大岁数就包多少包，垫放棺底下，上面铺一块红布，摆七个小制钱，呈北斗星状，即北斗主死，谓此为"垫背钱"。然后，长子或承重孙抱死者头，其他子孙用手兜住衾单口呼："爸爸（或妈），给您迁居啦！"四平八稳放入棺内，在死者入棺前要将死时系的"拌脚丝"取下。在棺内还可放死者生前喜欢的物件等（如手杖、烟壶、揉手球之类），再把所有的棺中空地填满棉花、锯末纸包，把"打狗棒"放入棺内手边。四边空间填平，以免出堂时尸身摇动。

有钱人家棺中填好锯末后，用水红洋布或红绸子吊好棺材里子，尸入金棺后，由嫡亲子女用茶盅盛净水，拿新棉球蘸水，擦死者的眼目，这叫做"开光"，下世脱生后不会瞎眼。抬尸和"开光"时不准丧家哭泣，等"开光"后，盖好了子盖再全家举哀。上大盖后停灵枢则是扛夫们的事了。

丧仪礼俗

人死后的灵堂设置和停丧日期，都因家境情况不同而定，一般贫苦之家不计时日和"四天接三五天埋"外，有七天、九天、十一天、十三天和三七、五七、七七（四十九天）种种日期，但都是三日接三，一般在本宅搭棚办事，还有不少是在庙里移灵办事的。

丧棚

一般人家办丧礼，必须搭个灵棚，亦称丧棚。搭丧棚的事在人死后准备棺殓时，就应有人找棚行操持搭棚事。

搭棚是北京的拿手技术，平地立杆，转眼便成楼台。所搭的丧棚按季节区分：冬日搭"暖棚"、"布棚"、"席棚"，夏天搭"凉棚"，棚四周上一半玻璃的称"玻璃棚"，普通丧棚叫做"平棚"，即用席搭平顶，棚项四周围挂檐，为白色上绘蓝花纹。裹在柱和梁上的是蓝色布，棚内为素色，呈悲哀之气氛。

讲究的棚叫做起脊棚，棚顶如瓦房之房脊。可搭一、二、三条脊，脊上安席制兽头。一条脊的，行话称"一殿"，上安四个兽头；两条脊的称"一殿一卷"，上安八个兽头；三条脊的叫"一殿两卷"，上安十二个兽头。人们一进入脊棚如入殿堂，有肃穆之感。

丧棚还有"月台"，即死人灵前所立之台，并有一、二、三号之分，穷人家没有设"月台"的，可平地安栏杆或不用。头号"月台"一丈八尺长宽，台四角有柱，为绿色绘金花纹；顶上安天花板绘仙鹤，其意"驾鹤仙去"。台底四周也有栏杆，两旁有扶手栏杆，台板上铺地毯，亡人灵桌摆在台上，灵桌后是棺材，来宾皆在台上行礼。台上两侧有纸糊的金童玉女，作为死者陪从。

经楼

丧棚里一般要搭经棚，即和尚、道士、尼姑、喇嘛念经的所在。如一棚经在灵堂对面房上搭，叫"经楼"，三棚经在东西厢房上也要搭起楼台式经楼，这样占用空间，以便来宾吊祭出入方便。经楼高约二三丈，以杉篙为架，上架木板，上下有木梯。经棚形状不同，喇嘛的经座为"宝塔式"；和尚的经座是"佛龛式"；道士的经座为"楼阁式"。若有尼姑、道姑和居士诵经，可在下边设高半米的平台，铺木板围栏杆。棚行称"经楼"为经托子，意即"高高托起"。

大户非常富有人家，不仅跨院搭棚，供亲友休息和放纸活、厨灶炊事用，还要在门前搭"过街棚"和"过街牌楼"，楼架上有三蓝彩绸和绣球垂挂的装饰等。

灵堂

大户人家灵堂都设在月台上，前边是供桌，桌上摆香炉、蜡杆，上插白蜡、花筒两个，内插白灵花，闷灯一盏，供器上者景泰蓝，次之铜器。供品有鲜果、糕点、炒菜等，一般是五碗，五碗为一堂供，三至五堂不限。

供桌后的棺材位置为头南脚北，下边有"交木"，讲究的人家用绣花帐子围上，谓之"堂罩"。将死者的枕头放在棺下，待出殡时焚烧。灵棺前有白布云头帐幔，富者再搭一座素彩牌楼，为"灵龛"，左右挂白布帘，男左女右在此守灵。在棺前放一尺以上大幅亡人遗像和灵牌。

吊唁

吊唁是丧仪中的一项较重要的内容。吊唁的礼数、方式也因和死者关系的远近而不同。

在外地子女或至亲奔丧，至家时要望乡而哭，出嫁女子有一路哭来，到灵前跪叩痛哭，经苦劝方止。近亲成员虽不如子女，但也非常之悲切。亲友来吊唁，孝子迎接上前陪同。北京丧家门前有乐队，要在庙里办丧，山门前有一人多高的大鼓，每来一亲友就要鼓声传报。因此，孝子都能迎上陪同亲友上月台，吊唁人行四叩首礼，孝子还礼后，到灵前哭悼，经礼宾人劝慰后，就去帐房交礼，不是近亲，一般在灵前烧几张纸钱，不哭亦可。

有钱的富者，所带来的礼品和礼金用黄色纸、蓝色封套装好，正中写："折祭×元"等等。礼品则有匾额、挽联、挽幛等等。

北京讲究出份子，民国期间少者一吊，平常两吊，大者四吊，再大为八吊，再多就是特殊情况了。凡一家有丧事，大家互助之美举，也叫凑份子。份子礼金不多，好出手，凑成大数送上，不直言送钱，以奠敬之名送给丧家。

挽幛挽联

在追悼死者时，采用通常的礼仪形式，就是赠送丧家挽幛、挽联。是以简短的语言、深沉的情感和悲痛，用数字或数十字来概括逝者一生的内涵，如功德、品行、愿望等，语气有沉痛感。现各选二三常见辞，以供参考。

挽幛用辞：

通用类

功高德重　松柏长青
一别千古　音容宛在
福寿双全　千古流芳

挽男丧

南极星沉　鹤归华表
骑鲸西归　驾返蓬莱

挽女丧

母仪千古　彤史留芳
慈竹风凄　驾返瑶池

亲属类

龙门绝笔　捧砚同哀

典型莫仰　难纡母戚

　　　　　（挽外祖父、母）

德泽犹存　痛切西州

哀过羊昙　音断渭阳

　　　　　（挽舅父、母）

丈人峰坠　半子无依

　　　　　（挽岳父）

心伤泰水　甥馆凄清　（挽岳母）

如折我手　痛断失足

　　　　　（挽兄弟）

大雷音断　阿甥谁鞠

　　　　　（挽姐妹）

师友类

师表长存　神伤立雪

　　　　　　　（挽师）

安得钟期　谁复知音

　　　　　　（挽学友）

通用挽联

一生俭朴留嘉范

半世勤劳传美风

万里名花凝涕泪

千条溪壑是哀声

挽男丧通用

高风传梓里
亮节昭来人

为国为民斯人可法
有才有德事业长存

直道至今犹在
清名终古长留

挽女通用
宝婺光沉天上宿
莲花香现佛前身

瑶池旧有青鸾舞
绣幕今看禾鹤翔

附：为名人父母作的挽联

永志强先生在《北京晚报》说：挽
名人父母亲联，首选当是挽朱德母亲联。
朱德的母亲是一位勤劳、善良、深明大
义的中国女性，1944 年 2 月 15 日逝世。
朱德是孝子，为了民族解放却无法在家
奉养母亲，即在临终前也未能见母亲一
面。4 月 10 日，延安各界为当世典范伟
大母亲举行追悼会,党中央和中央领导人
都撰送挽联。代表党中央撰写的挽联是：

八路功勋，不孝为国；

一生劳动，吾党之光。

毛泽东撰写的挽联是：

为母当学民族英雄贤母；

斯人无愧劳动阶级完人。

周恩来撰送的挽联是：

教子成民族英雄，

举世共钦贤母范。

毕生为劳动妇女，

故乡永保好家风。

谢觉哉撰送两副挽联，择其一：

移不孝作大忠，涕泪倚闻，见其出不得见其归，属纩应留无限感；

拼一身为群众，勋名盖世，有此母乃能有其子，瓣香早慰在天灵。

郭沫若的父亲郭朝沛，1937年7月5日病逝。周恩来正在国外养伤，闻讯撰送挽联：

功在社稷，名满寰区，当代文人称哲嗣；

我游郊外，公归上界，遥瞻祖国吊英灵。

上联称颂其子郭沫若是位名满天下的当代文人，"功在社稷"暗寓郭沫若投笔从戎，在北伐战争和"八一"南昌起义中创建的功勋。下联说我在异国他乡

北京礼俗

不能身往，只能遥"吊英灵"了。以称颂逝者之子为国做的贡献来吊慰逝者，联作别出心裁，构思奇巧。

代哭

在丧仪中有个特殊的礼俗，最早称为代哭，即人死后，在举哀中专门有代哭的人，这个礼俗早在皇宫、大臣家为多，后来大户人家在丧礼中，也雇人来专门陪哭。直到解放后代哭才逐渐消失。

代哭，早在春秋战国时期就流行了，史书上有记载，人死后亲属要哭，也可以由他人代哭，哭时还要成踊，即捶胸顿足地哭，而且哭法还有等级，国君死了怎么哭；大夫死了怎样哭；士人死了怎样哭。哭者的位置、姿式、面向何方，都有规定。

代哭礼俗一直延续到清代宫廷。但有些变动，不再称代哭，而称"助哭"。所谓"一人出于哀恸，众人出于扬声"。咸丰帝死后，升平署档案中，有一条记载："十七日寅时，大爷（指载淳，或称大阿哥）封为皇太子。万岁爷升遐，敬事房传：摘缨子。"接着又记"奴才安福谨奏，为奏闻事，几筵前当差，三班轮流，每日首领一名，太监十名。奴才带领首领、太监八十五名，每日分三班，至几筵前举哀。"

同治十三年（1874年）十二月，同治帝死后，升平署档案也记载一条："十二月二十八日传旨：佛爷（指慈禧太后，因慈安太后档案中另称"东老佛爷"）旨意，以后举哀之人，班次要齐集，举哀声音要合韵，不准懈怠！"同治帝是十二月初五死去的，升平署的太监照例要到筵前去举哀。到二十八日，已经哭了二十多天，虽然每天分三班轮流去哭，也难免疲惫、懈怠，所以慈禧才发出这道懿旨。在哭声中，慈禧太后要求"举哀声要合韵"，这是历代文献所未见的，只有有演唱修养的人才能做得到，否则一般人是很难达到这个要求的。此举可称慈禧太后一个创造。

解放前大户人家或有权势者，花钱雇人代哭，是以壮丧礼声势。不过细想起来，不论是代哭、助哭、押韵的哭，都距离真实的感情愈来愈远，这几乎不再是哭，也不是礼，而是变成人们的一种笑料了！

停灵

过去老北京人在城外都有坟地，死人后即可出城埋葬。一般穷人迷信思想淡薄，说"骨是清风肉是泥"，"死了死了，埋了拉倒"。越是有钱家，迷信越深，信佛、信道，死人要停灵，最好是停到七七四十九天。这里关键是钱。

停灵的根据是佛教的说法：人死后罪大恶极者立入地狱，积善人家善功多者升天，其中一般者不能立即转生，未转生者的亡灵称"中阴身"，是未转生前的一种，也不是鬼，是"中阴身"，在等转生投胎的时间是四十九天。在这期间用死者生前的财产供施佛教，救济贫穷，并说是为死者做的功德，这样死者就能投胎到好的去处。因此佛教主张用四十九天时间来超生亡灵，过四十九天只增加死者福分。

北京人家死人，要看自己经济条件和社会地位，决定停灵时间。在京停放需做佛事、法事，停灵日子必须是单数，否则犯"重丧"，日期从死时算起，最少三天、五天、七天，富者十五天、四十九天，头一个"七天"为"首七"，到七七四十九天中，每七天都要办事，酒席招待亲友、念经等。在停灵第二十一天时，要烧"一楼二库"。在第三十五天时，要烧伞。

过去大户人家和外省市居京的大户，都在庙宇里办丧事、停灵，如著名的嘉兴寺及长椿寺、龙泉寺、法源寺、铁山

寺、三圣庵等，都是为丧仪提供综合服
务的场所，什么灵堂、丧棚、招待亲友
就餐都由庙里承办，他们和棚行、厨行、
茶行、扛房、家伙铺都有业务联系。如
著名京剧表演艺术家谭富英之父谭小培
的丧礼就在三圣庵里举行的，据说周总
理曾来该庙吊唁。

接三礼仪

接三也称"迎三"、"送三"。旧时说
人死三天后，就要到阴曹地府去了，死
者若生前有功德，佛就让金童玉女去迎
接，升天到西方极乐世界去。但人一般
功德在阳间做得不够，亦不可能没办一
点亏心事，若这样，就要在他死后的第
三天，请僧众诵经拜忏，对亡者的罪孽
忏悔，放焰口给"十方法界"孤魂野鬼
施食，赎罪积德，进入天堂。接三即请
阿弥陀佛接亡灵去天堂，故称"接三"、
"迎三"；对子女来说，就要给去极乐世
界的人，准备车马、银箱金柜，所以又
叫"送三"。送三要在天黑以后，举行念
经礼佛，鼓乐齐鸣去附近的空地烧纸糊
车马、箱柜等。

冥衣铺的纸活

旧时办丧事，需用大量的纸活冥器，

丧主必须派人去冥衣铺定做接三用的一份烧活，提出种类要求，冥衣铺就会到时做好后，如数送到，不会误期。

北京旧时冥衣铺不少，分布在各区，在 1940 年时《新民报》统计还有 280 余家，解放后初期还有 50 家。过去著名的冥衣铺有米市胡同的"聚斗斋"、南横街的"永聚斋"、菜市口的"四合斋"等，而且还有大杂院里的堆房。笔者当年居住的院内就有糊纸活的，总有纸糊车马在院里摆放，因为堆房的活儿贱，生意也兴隆。大的冥衣铺门前都有一匹纸马做幌子，还用一尺左右宽三尺左右长的一个木框，形如隔扇，花纸糊上，上写："金山银山、童男童女、车船轿马、古玩陈设、寿山楼库、四季花盆、黄幡宝盖等等。"

在接三前丧主就订好送三用的一份烧活分三等，头等和真的车马、箱子一样，一匹大菊花青的高头大马驾辕，轿车上窗户，冬天玻璃窗、夏日是纱窗，车轮能转可走，车前还有个骑马的官人，轿车旁有赶车的，车后有跟骡，车上铜活都是用金纸糊成，做工精细，还有四个箱子，箱上有彩绘，有两人抬，称之"扛箱"；二等尺码小，纸活粗些，用料简单，车轱辘不能转；三等更差，车轱辘是单张纸贴上的，赶车的也是用纸剪的贴在马的腿上，纸箱小而糙。

死者若是女性，还要加糊一头纸牛，说妇女在世时用水太多，阎王若罚她喝脏水时，就让牛替她去喝。车上还要一位老妈子，月子病死去的妇女还糊一个鸡罩，说怕庙里不收，在阴间弄上鸡罩安身。

接三那天，丧主将一份烧活摆门头墙下，要有人看管，莫被损坏，在送三前把纸钱、冥抄、金银元宝，在车中箱内放满，在加上一个封条，上书"秉·教沙门·封"。再给赶车的、跟车的、抬箱子纸人都写上名字，可自起名，如：李升、王二、孙妈等皆可，写在纸条上，贴在纸人上胸即可，并在纸人身上挂纸钱一串，意在发了赏金。民国后，糊的纸活改了章程，糊汽车的、洋楼的有之，几乎随意摆阔气了。至今此风未绝，农郊还有烧电视、汽车的。

响器鼓乐

凡大户人家接三这天在大门外都设对鼓、对锣或单锣、单鼓的"门吹"，另在大门设梆子（即古代的"云板"），二门站立回事人员，谓之"全份"。另在月台设置"清音"一部助哀。"清音"五至七人、九人，有笛子一对，小鼓一面，九音云锣一个或两个，小锣一面，小镲一付，每当来宾行礼上祭时便吹奏一番，显得清雅；中等人家不设回事人员，只有"门吹"、"清音"；中等以下人家，仅设"门吹"，都是早起来，称"早上鼓"，条件再次的丧家，仅请"午上鼓"，也有"晚上鼓"热闹一阵而矣。

鼓乐所奏的曲子，大户人家都用传统固定的"官吹官打"，即官鼓大乐，有大鼓、唢呐、吹号筒、九音锣、水镲；一般人家都是小戏歌曲，甚至流行歌曲，热闹有余严肃不足，俗称此乐为"怯吹儿"、"花吹儿"。

每当来客一到，"门吹"必然打鼓，有人喊声："响响鼓您哪!"，男客三声鼓响加吹大号，女客两声鼓加唢呐，大门梆子听后连响四下（四为哀音），客到内门，回事人往前跑高呼："×老爷到!""×太太到!""门吹"大锣随在客后响乐。在客人下跪行拜时，响锣一声，门外吹打，月台旁"清音"随之乐起，清音仅奏《哭皇天》曲牌，声音柔细，堂鼓咚咚，凄凄惨惨，清音不断，大锣是每当来客叩一头便打一下，直到礼毕，各乐即止。

接三面

人生有三面：刚出生时的洗三面、生日时的寿面、死后的接三面，是必不可少的。

接三面一般从简，北京红白事都讲"炒菜面"，一般四到六盘炒菜，后有打卤面就餐。在宾客入席时，茶房高声喊："诸位老爷避屈啦您哪；改日到府道谢啦！请诸位大驾送三啦您哪！"喊声清脆入耳，是没有命令的又含命令之意的一喊，真是北京茶坊的绝响。

孝子还要由茶坊引路，到每一餐桌前叩头，称做"谢席"，孝子下跪茶坊喊："本家道谢啦!"来宾全体立起以示答礼。

家庭办事，不可能有众多餐具，一旦有事都到家伙铺租用，用具多少由厨子提出单子，家伙铺的炊具、餐具，什么大案板、蒸锅、桌椅等等，一概齐全，用后按单据如数归还，付租赁费，若损坏物件，按市价偿。

开烟火

在接三之前是不供客饭的，在接三供饭之前，必须先开烟火，又称"开咽喉"。要举行一个仪式。

这一礼俗来源于佛教,说饿鬼其喉管不能进食。因此,亡人之女祭食即可打开咽喉,免成饿鬼。

饭前,由亡人之女出资置"什锦盒子"一个,盒内有猪肉杠买来的酱肉、肘花、香肠、小肚之类肉菜,供在灵前桌上,供前经三行吹打、上供、叩拜、举哀,之后亡灵才能享受看馔。此仪完后,宾客开席用饭。

接三日,在用晚餐前后,蒸锅铺有人送来"斛食"供在灵前,这物品是木制的如方塔状,分三五级,底层正面刻有兽环的门样,最高级有一旗,旗杆前放多层的荷叶蒸饼。当送三时,亲友分有,荷叶饼留夜间"放焰口"施食时所用之"法食"。

送三

接三本日晚席后,和尚陈设法器,悬挂大士三化身圣像,此时就离送三不远了。如果丧家不再等待亲戚,和尚就上座喊:"拿烧活",请来宾点香,每人一股官吊香。借此照路,后来用纸灯笼。此时和尚在座上吹三通、打三通、念三通(合诵《七佛灭罪真言》、《大悲咒》等),完毕后,下座,换袈裟,执法器,等来宾走出门后,丧家全体跪在灵前,此时茶坊即喊："本家请起，师傅点鼓！"鼓手吹起大号，来宾分两行随行，丧家在点鼓时大声哭号，孝子孝女哭喊："爸（妈）！您上车吧！"由长子打着挑钱纸，其他子、女、孙等紧跟长子后边，皆放声痛哭，前面的长子、次子、三子皆有人扶着，和尚在丧家后边跟随，吹打着乐器。来宾中的女客人不参加送三行列，只送到门前留步。

送三的时间在日落天黑后，冬日晚六点左右，夏天八点左右。送三行列是：鼓乐在前引路，靠前一双号筒，后有堂鼓、小锣、大锣、唢呐，奏出"儿喇、儿喇"之声，在夜空飘荡，再后一对、大户两对租来的气死风灯，有转轮马车纸活冥器的随后，车前有顶马后有跟骡（不是转轮纸活者，提前去空场处候焚）。大户人家有番（喇嘛）、道、尼送三的，举香提白纸灯的亲友在前，丧家在后哭行，紧后边是和尚奏"唡唡嗵"乐曲或打大镲等。

一般送三队列应出门往西，往空场处走去，沿途很多大人、小孩去跟着看送三去。官方指定的空场，是烧纸活场所，四周无有人家，如地安门西便道空场；西城的南沟沿；南城的大市等多处。

笔者幼时住在大市附近，三天两头看晚上接三的。

送三一路吹吹打打，来到空场后，把纸活放在中间，纸车马头要朝往丧家坟地的方向，众人围成个大圈，鼓手、僧众人等，持乐器在三面吹奏，孝子跪在中间，有人把长子手中的挑钱纸拿去，往纸车里一插，等丧家都跪好，就举火焚烧冥器，一会儿大火腾起，孝子们三叩首后，响一声大锣，鼓乐全停，一片安静。茶房高喊："本家向各方送三老爷们道谢啦！"孝子叩谢众人，客人们各自回去。丧主回家后，仍跪灵前一哭，妇女同哭，哭止，用饭，再有就是等放焰口了。

接三焰口

在丧仪中接三晚上，要放焰口，这是接三中很突出的仪俗。所以除了赤贫人家，都要放焰口的，规模小的来个"光头三"，大的有"音乐焰口"，俗称"音乐佛事"，还有"传灯焰口"、"对台焰口"等。

焰口指的是饿鬼，他在地狱里受苦，要想救助饿鬼使之脱离苦海，必须供养三宝（佛、法、僧）。丧礼中的放焰口，就是建立在这种信仰的基础上的。放焰口的宗教意义，就是救冥界里的众饿鬼，使之开喉进食，免罪消灾，脱离苦难。

和尚放焰口就是奏乐念经，经有"官经"和"音乐经"，其区别是"官经"法器——乐器没有笙管笛，只有手锣、手鼓不很热闹。民国以后，都是音乐经了，称为"音乐焰口"，有的音乐焰口受河北民歌影响，活泼热烈，不拘一格；有的则严肃典雅，极有宗教色彩，万寿寺音乐焰口和智化寺的音乐焰口皆有代表性。

一些富户都请大庙的和尚放焰口，一般人家则请冥衣铺或扛房"口子"和尚来做佛事，所谓"口子和尚"，人员组成较复杂，既有专业的和尚，也有"游僧"、"居士"甚至泥瓦匠等组成，他们做佛事，看丧家情况行事，若肯出"衬钱"，就卖劲多吹多打，延长时间，否则就马马虎虎了。

送三后，天交初鼓，和尚陆续入棚，正座的和尚书写：丧家族人姓名、年龄，以作召请死者灵魂时，诵经中用。再将丧家出殡时用的引魂幡、灵牌写好，然后司鼓僧敲鼓，丧主把引魂幡，灵牌双手往座上一递，跪地叩首，主座和尚欠身还礼。在主座前放好龙头香、铃杵、净水、斛食等物以备后用。

引魂幡也叫招魂幡，北京俗称"幡儿"，只有长子在出殡时才有打幡儿的权力，打幡还意味着继承死去长辈的家产。因此旧北京还有一句骂人的话："你忙什么，抢幡去呀！"

说到幡儿还有一段来历。在古时一个镇上有家经营白纸的老者，姓刁，颇有心计，一次积货太多，满屋子的白纸卖不动，他急中生智，把儿子、儿媳叫在一起，他说了个想法，把二人惊的目瞪口呆，但也不敢反对，况且也是为自己积攒家业，就按他说的办法行事。

第二天清晨，他家就传出老爹夜里暴病去世，装棺安葬，请众邻居帮忙，人们见刁家儿子剪一些白纸条子捆裹在一根竹竿上，一路举着哭哭啼啼，到了坟地，待棺下穴时，他忙把白纸杆儿插于棺上，人们一问，他说：父死之夜，有仙人托梦，做此物可将亲人的灵魂招回来，谓之：招回幡，人们半信半疑。

谁知第二天一早，有拾粪老人见坟上的土直动，见是昨日新坟，就忙告诉刁家。儿子忙赶来请数人将坟刨开，见刁老者正顶棺材板，刁老者被人扶出，刁老者说："儿呀！多亏你这'招回幡'

呀！阎王见幡后，说我不该死，还夸你孝顺，才把我放回来了。"人们一见，不得不信，一经传出，便有多家买纸，做成"招回幡"插于坟上，虽如此，却从无人把亡人招回。人们为了对亲人表示留恋、孝顺，把"招回幡"却传了下去，后又将"回"字改为"魂"字音，称招魂幡。

其实，刁老者事先将棺盖上钻一孔，棺底留缝，装好食物、水，人在里面一夜无恙。再有他将竹竿的关节打通，下葬时儿子将"招回幡"杆插入棺内，随土埋上，留做供气的"气眼"。以此法，卖出大量白纸。这"招魂幡"就这样一代一代地传了下去。这就是那"招魂幡"的来历。

焰口是由慢敲法鼓开始，正座高僧用洪亮的声音念道："道场成就，赈济将成，斋主虔诚，上香设拜，坛下海众，举扬圣号"，接着有一僧即"驳文"和尚唱："杨枝净水遍三千，性空八德利人天，饿鬼免针咽，灭罪除愆，火焰化红莲。"

以上为第一部分，称拜座，是道场的序幕。第二部分为请圣。其意是请来十方法界所有佛、法、僧、金刚密迹、卫法神王、天龙八部等一切圣众，光临法会，接受甘露法食。第三部分是度鬼。这是放焰口的重点所在。第四部分是圆满奉送。即法会结束，诸佛菩萨及六道四生，悉皆不见。

丧家如另外加赏给和尚，名叫"衬钱"，意思是让和尚们多卖力气，如丧主是老喜丧，可在奏乐中吹奏各类小曲，如《二十四孝》、《二十四糊涂》、《百花名》、《锯大缸》、《小放牛》等，但是丧家不可点曲，有的随点随吹直到天亮，凡谁点曲，谁给赏钱。

一般焰口时间，从晚上九点上座，到后夜一、二时下座；城外一般至五更天。

在接三形式上，北京离城三十里之外，中等以下人家，都不请僧道做佛事，不但没经，甚至连焰口也不举行，仅用鼓手送三。这是城东南方向，西北方向不一。

僧人"圆寂"（去世），也借用俗人接三的形式，但只糊一米左右高的"九品莲台"，上放一纸牌位，上书圆寂大师的名号。两旁各立一执幡使者，其意为坐化成佛，送焚时，其徒子、徒孙只举扬"南无阿弥陀佛"的圣号，不放声哭嚎。

道士羽化（去世），也借用俗人接三仪式，但不焚车马扛箱，仅糊一只白仙鹤造焚，其意为：驾鹤仙去。

送库、成主

送库正名送圣。送库是在给死者祈建的道场圆满后，由孝子捧着给佛的黄表，到广场去焚化纸制的楼库。送库分首七、五七、伴宿送库，伴宿是在出殡之前的一次总祭奠。

楼库

库即纸制层楼，高一丈一尺，三、四尺宽，一尺左右厚。也可加大尺寸。楼顶呈宫殿脊瓦。一般为黑顶绿瓦或青豆色、蓝脊，有窗、门，蓝色墙壁，窗棂、立柱皆红色。仿古典楼台建筑。上下两层分开，在烧前成装，并以绳纤拉。楼两旁各有一库，凡高九尺，双顶，门前立二纸人，一是身着红袍，戴翅纱帽，手执账本，其名"曹官"；另一个身穿蓝袍，戴方翅纱帽，手拿钥匙，名"阴司"，二纸人胸前贴有名条。另有四只扛箱，即"一楼二库四扛箱"，为一堂的全活。再加上金山、银山、桌子、仆人、丫环，民国后还有糊汽车、人力车、古

玩桌椅、麻将牌、鸦片烟具及死者生前
所喜之物等。

糊好的纸活，清晨送到丧家大门，
在墙间摆列，把不少纸钱、冥钞放入楼
库和扛箱间，然后要请和尚加封，由和
尚念经后，往楼库洒少许白米。然后加
"秉·教沙门"的十字封条，另加上押解
护照文书。护照里的内容，都是千篇一
律的文章："为饬遵事：兹派张千李万押
解楼库三座、金银四箱，送至×城外×
地呈交×××（亡者姓名）查收，仰城
关地方神鬼，验文放行，勿得借故留难，
此饬！某年某月某日"。其文永不变化，
总写那定数的箱库，纸人的名字也永是
李万、张千，其它一切纸活全都不写。

另外还有一种称做"三宝证盟"，也
是给死者的执照。现抄录于下：

爰有一四天下，南瞻部州、东震旦
土，安婆国北京市××寺，秉·教沙门大
德僧众，今为奉佛资冥，兹逢××街×
×胡同××号×宅伴宿之期，具诚修斋
报恩，为祈建冥府，昼夜轮流唪诵金刚
经，加奉诸品神咒，瑜伽焰口施食一堂。
是日孝男（孝女）××右领阖府孝属，
斋戒沐浴，焚香上叩。谨备冥楼一座、
库两座、扛箱四只，内贮金山银山、绸

缎尺头、金银冥资。哀叩佛力遣使金刚力士运往西方极乐世界，以资亡者冥中享用。望沿途官卡，验证放行，勿得拦阻，恐有失错，特此证盟。

右给亡者×××收执

天运　　年　月　日（齐年、月有"三宝印"）

送库

停灵七天，为首七，凡有经有库者，皆发出讣闻。一张大白纸，通常是石印手写体楷书，装在牛皮纸封套中，上贴蓝边红签，中写讣闻的亲友姓名，下款有丧居地址。讣闻亦称讣告，其内容都有一定的文辞。亲友收到讣闻后，奔赴丧家，下午用完晚席，或按预定时间，一般都在傍晚送库。

送库时，有鼓乐在前引路，随后有来宾，尼姑、道士、喇嘛者都走在丧家前边，其队伍间也夹有来宾。凡穿孝服的来宾，都离丧家较近。丧家的第一头人，手捧条文，喇嘛僧第一头人手捧巴拉面，点着灯花，第二人捧条文。在送库的路上丧家不哭，在丧家的后面，是和尚。

事先有人先将楼库等烧活，放在焚化的空地。烧活中若有马车、汽车、人力车等，有活轮的，由人扶着走在鼓手后面，楼库焚化后，来宾即可和丧家揖别。

送库形式

前文所述之送库，大都为富户人家，讲排场，到了一般百姓人家，多数都不送库，因为举办丧事的棺材等，就已倾其所有，有的赤贫亲人死后，根本无力办丧，只好有头人出面，拉着丧主挨家挨户地去磕头作揖，让邻居人等，尽力施舍些钱，以办丧事。北京称此举叫"钻官吊"。把这些钱买个狗碰头的大匣子，拉到乱葬岗子埋了，就算完了，哪有力量去请经送库等。

也有的人家，不送库，为了应应点，就把亡人穿过的一条单裤，里边放上冥钞、纸钱，然后把裤腿用绳一扎，捆上裤腰，待到下午三时，塞进纸轿车里，在空场一起火化。

有些人家，简化礼仪，在送三时，和送三用的一份烧活，再糊一套楼库，在晚上送三到空场一块焚火，不另搞送库仪式。也有的在送三之前，下午三点左右，先烧了楼库，送三时再烧车马。

农民在郊区一般不送库，但富余人家，若是老喜丧（旧时五十岁以上者为老）却采用蹬高跷、披彩衣、举库楼、打文场，以民间花会的形式去送库，前有鼓乐开路，后有僧道，热热闹闹去送库，焚烧后解散。该种送库形式，都是七十岁以上死去的老人才办老喜丧。

成主

成主，也叫题主、点主，是大家族有祠堂或自家安放神主的，都要举行"成主"仪式，祠堂里供奉的宗亲三代、五代的牌位，都是通过成主仪式放入祠堂的。以确立亡人在宗庙中的位置，此举，必须在出殡之前举行。

"主"者，即牌位、神主。是木质品，也叫"木主"，上书："显考×公讳××府君之位"。需请人聚精会神静思亡人之神态，其形象仪容似在眼前时，用朱笔，在牌位上点上一红点，故称点主。

"点主"须选一吉日，如停灵间的三七、五七均可。成主仪式系预先做好一个"神主匣"，请人写出"内函"、"外函"四字，再写上官位。官宦人家皆请名流、年高位尊者点主，一般人家都由和尚点主。但凡为法官者，不能给人点主，因其常笔决犯人之故。

点主者称为"点主官"、"题主官"，另请两位"陪主官"谓之"左襄题"、

"右襄题"。

在"点主"的前一天，要举行写主仪式，写主人称："写主官"，写主官在书案坐后，孝子行三拜九叩大礼，将主牌奉上，写主官先将木牌布套打开，写主时，孝子要跪在案前。写好后双手捧送至灵堂供桌上，再向写主官行三拜九叩礼，即完成点主的准备工作。

次日，孝属皆去孝服换"吉服"，因点主是喜事，门前牌楼也换红、黄二色，悬彩球，堂前红烛，挽帐掩盖。乐起，此时，点主官人等皆在书房小坐待茶。此刻，灵堂白素诸物品及祭器等皆已撤去，更换花幔帐一堂、掌扇各一，公案桌一份，上放砵、笔墨砚、香炉、蜡扦等物，桌后虎皮圈椅三张，一切备齐，通知点主官等"已到吉时，请点主官赐福"，点主官净手后，由官引到公案前，孝子跪一旁一叩首起后去内室将神主捧置于桌上，再向点主官一叩首，跪请升座。

点主官等分别就位，执事官启神主"外函"，撤"内函"，然后交给跪着的孝子，孝子捧神主高举，执事官接过代捧放公案桌上，左襄题研砵蓝墨，蘸砵笔递给一人，为题主官，他将双手捧笔，向东南接收生气，口中说词，思追逝者音容，然后，挥手将昨日写的"主"字所空点上加硃，再将笔交右襄题，放在案上，再由左襄题蘸笔研硃如此笔点三次，始告礼成。

题主后，孝子在乐起中再向点主官、左襄官、右襄官行三拜九叩大礼，再捧神主即木牌位恭放灵前，此举为"安主"。

此时点主官等在书房小坐，孝子跪递"菲敬金"致谢。

袁世凯"点主"仪式

袁世凯死后，袁家恪守"点主"这一仪式，袁家请曾任袁政府国务卿的徐世昌为"点主官"，因为他曾在光绪十二年中过进士，当过翰林编修，符合"点主官"的条件。

在"点主"之前，袁家让人把灵棚里的素彩如挽帐、挽联等物，全都撤去，换上红、黄两色的彩子，灵堂供案上的白蜡换成红烛，桌围子、拜垫，也都换为蓝色，因为"点主"是"吉礼"，故所有白色都遮盖起来。

"点主"的前一天，是由"点主官"来写"主"，身着长蓝袍黑马褂的老先生端坐在公案桌后，受袁世凯之子袁克定三拜九叩礼，捧上老金丝楠木的木主牌，外有木罩，罩上雕满了云水蟠龙图案，有人打开罩后，写主官先写内函："中华已故大总统袁公讳世凯字慰亭之神主"，两边写上卒年月日时，下写袁克定等名字。然后又写外函："中华已故大总统袁府君讳世凯号容庵之神主"，写时"主"字都写成"王"字，那一点，是由点主官以朱笔加上。写完后，由茶房用五色线把一块青绸、一块红绸捆在主匣之上，由袁克定捧回灵堂，再向写主官行三拜九叩大礼拜谢。

第二天才为点主仪式，全家都脱去孝衣，换上"吉服"，男的一律是青缎帽头，蓝袍马褂，白袜，皮底便鞋；女眷都是素旗袍，但不准参加仪式，女来宾亦如此。

先派出仪仗队奏鼓乐去迎接徐世昌，迎点主官的仪仗有：开道锣两个，金执事16件，即金爪、钺斧、朝天镫等；大伞一对，绿扇、"肃静"、"回避"虎头牌各一对；官衔红牌12对，牌上写着徐世昌曾先后当过的官职，如翰林编修、军机大臣等；清音锣鼓一班十余人各执乐器；如意亮轿一乘，即大型太师椅后背有如意的装饰，无轿顶、轿帷故称亮轿，上披虎皮，由八人抬轿；日照影伞一把，用来遮亮轿用。轿夫都穿全新的红驾衣、戴红缨帽。徐世昌乘四轮马车随仪仗队而来（不乘轿表示谦恭），随队还有两名襄题官、前引官、大赞及袁府宾朋。

袁克定在门前行三拜九叩礼迎接，乐起炮鸣，让到小厅更衣。点主官、襄题官都换上了清代官衣，戴大红缨凉帽。徐世昌头上是一品顶戴花翎。等到吉时，灵堂月台设长方形案桌，红缎花的桌围子，桌后三把太师椅，上披虎皮，此时，徐世昌坐中间，左右襄题官。墨砚、朱砂、砚、墨、白芨各一；三只小楷笔。在桌旁有个白羽毛的公鸡在鸡笼里走动。

鼓乐三吹三打，鸣礼炮，点主开始，先由袁克定对"三官"行三拜九叩大礼。之后捧主出堂，跪递左襄题官，接过后去掉青纱、红纱，分出内外二函，做个拂土的动作，敬递点主官面前，又把一支新笔蘸上朱砂，口颂赞诗后，转交点主官，点主官接后，面向东方吸取"生气"三次，又嘘于笔端，在二函"之神主"的"王"字上，各加一红点。接着右襄题官和左襄题官一样仪式，由点主官再往内外二函的"主"字上加一墨点，这称为"笔墨生辉"。最后由茶房提出笼内公鸡，用针刺破鸡的红冠，再由点主官用最后一只新笔用鸡血"润笔"，在两内外函上的两个主字上，又加一点，称之"盖主"。点完主后，右襄题官立起，合主后放入匣内，将红绸放匣上，黑纱放下面，再用五彩线扎好，由袁克定捧回灵堂，供在灵前，称为"安主"。再出堂拜谢"三官"和来宾，还行大礼。点主官把用过的三只笔往背后一扔，这叫"向后必（笔）发"，家族兴旺。人们忙着接笔，接住后如获珍宝，用此笔考试作文，将有神力相助。

点主官等起立，宣读赞词，都是事先成文，主要颂袁之功绩，这叫"荣主"，读完把红纸放于木主函内。至此，礼成，起乐，袁宅上下相互道喜。此刻执事人等向袁家贺喜，管事的把备好的红封，分赏大家，这是赏"喜钱"。

宴后敬点主官、襄题官"菲敬"银元若干。

发引礼仪

死人的棺木，从丧家抬往坟地下葬，俗称出殡。因社会地位、经济状况和季节不同，停灵日期也不同，出殡的日子要经阴阳先生推算，除了大殓、成主等仪式日期外，殃榜上也开出了安葬的日期。在出殡的前一天，亲友相继赴灵堂向死者告别，请和尚念经，丧家设酒宴答谢亲友，晚上家人要守一夜，因次日出殡后就永不相见，所以要"伴宿"，俗称"坐夜"。富贵之家伴宿时还要念经，伴宿时最后一次发库，次日就要发引了。

送灵礼俗

出殡前举行辞灵仪式。

摆好成桌祭席，由德高望重的老人主祭，孝属近亲按顺序一一叩首后老人夹一筷子菜肴、鱼肉，往一个食罐里填，在夹食物中不许放筷，最后由孝子再夹一筷子后，用苹果堵上罐口，又把烙饼咬去四周放在罐上，用红布包上，拿红线扎紧后搁放灵前，待出殡时由大儿媳在入葬时埋于棺前。

填罐后将所用筷子折断，举哀。祭礼已毕，即刻撤灵幔、棚内所有花圈、挽幛、挽联等等，全部拆除。

这时扛房来人把棺材前端抬起，由孝子用新笤帚扫棺盖，此举谓之"起棺扫材"。有人将棺盖上的楔子钉好，名为"嵌棺"，在嵌棺中孝子哭喊："爸（妈）！躲钉！"全体大声号哭。

出堂

扛夫在"响尺"（即统一扛人步伐的

指挥。响尺是竹制成，形状如尺，左右手各握一尺，用以指挥扛夫行动）率领下进棚先给棺木"栓活绳"，即活扣，一扯便开，故称活绳，但绝不会有半道扣开的事。

打响尺的扛头向丧主请示："什么时刻发引？"再问哪些花圈上罩（即官罩，棺材上的竹木盖，上盖丝绒图案），前后顺序等，最后要过"出殡执照"。

起灵前，丧主和近亲一般要给扛夫"加钱儿"，即赏钱，使扛夫提神。

起灵前刻，丧家孝属依次跪下，人多时如一片白鹅，由长子打幡，次子抱灵牌，次子之后皆持"哭丧棒"（即白纸糊成后，剪出穗状），大儿媳抱食罐，大家跪好后，响器参灵：门吹儿、清音锣鼓、丧鼓锣鼓，有的还有文场、乐队等。

"响尺"向丧家喊："请起"，随后打一声响尺，声音清脆，全体举哀，哭声一片，灵棺由扛夫缓步抬出灵堂，棺材四平八稳，无丝毫倾斜。灵棺未出门前，先由两个大号吹奏"呜呼，呜呼！"之声，灵棺刚一出门，一锤大锣，随之云锣、堂鼓、唢呐等齐鸣……

以上仪式，称之"出堂"。

扛仪

扛房是老北京专门给人办丧事的行业，这也是个技术活，在抬棺材时有许多的讲究，其中最重要的一条就是在起杠、移灵中要讲究特别的稳，不能有一点儿东歪西倾，或者乱晃，那是对死者的大不敬，丧主是不答应的。

北京扛业全国闻名，扛夫大多技术高，非各地所能比。无论什么沟沟坎坎，或是上下台阶，过马槛，都能使棺木绝对平稳，如果在棺材上放一碗水，走起来一滴水都不洒，凡是大殡，从远处走来，似乎在不动中前行。扛夫绝对听从扛头的"响尺"指挥，响尺一敲，就是信号，要依响尺音响移步，一板一眼不得有误。老北京扛业享誉全国，外地的同行，提起了"京扛房"，无不啧啧称赞。

北京扛房平时仅两三个人顶班，联系业务，是固定的人员，他们吃月份工钱，年底分红利，他们主要应酬丧事，维护各种用物，管好棺罩、绣花幡、衣服鞋帽等及抬扛用的工具。

有的扛房兼小店，所住的人有活抬扛，没活干别的，还有不少扛夫，平时在街头茶馆等活，没丧事不挣钱，专业杠夫很少，大都兼抬轿，拉排子车等。有活时，扛头一招呼，马上就集合，决不误事。

出殡用扛夫的人数，得看社会地位、经济状况等。杠的种类繁多，一百二十八人杠，为万字杠，又名"皇杠"；八十人是"王杠"；六十四人杠叫"头品杠"；四十八人杠叫"二品红"；三十二人杠是"大杠"；二十四人杠无棺罩的叫"亮盘儿"，有棺罩的叫"扣吉了"；十六人杠叫"罗汉杠"或"吉祥杠"；八个人杠叫"小抬"；四个人杠叫"工字杠"；三个人杠叫"牛头杠"；二人杠叫"穿心杠"；一个人叫"跨匣子"。北京的富人出殡，多至六十四杠或七十二杠。

盛大的出殡仪式，都要求扛夫"剃头换靴"、洗澡换新驾衣，费用由丧家加"剃头钱"，新靴、新驾衣在"出堂"之前，当着丧家面穿上，以示不虚假。

大杠扛夫在抬棺行进中，有"大换拨"，即四十八人扛夫外，还有四十八人扛夫在后跟随，轮流接替抬杠。还有"小换拨"，即由"四角跟夫"换一角，如四十八杠，小换拨有十二人随，换一角轮抬。换下来的扛夫，分在杠的四角跟随。

起杠、摔盆

在棺木出堂时，大户人家门外要放"小杠"，因胡同摆不开，进不去，大杠只能摆在大街上，等小杠（即人数少）抬至街上再换大杠。当在大街上，正式起杠，称为"起杠"；贫户不换杠，出门就算"起杠"了。起杠时，富户要烧"阴宅"（纸制房屋）及其它冥器，一般人就只烧纸钱一堆。死者生前用的枕头，要拿在门外，拆开露出荞麦皮，用火点着，连同枕套一起焚之。

在"起杠"时，扛头呼喊："本家大爷，请盆子！"跪在棺前的长子将一带孔的瓦盆摔碎，（死男用左手、死女用右手摔），此举为"摔盆儿"，摔后孝属举哀大哭。

摔盆者应是死者长子或长孙，是遗产的第一顺序继承人，无子孙者由别人摔盆，也会得到继承权。摔盆最好摔破，越碎越好，称之"吉祥盆"，摔盆声有如号令，扛夫起杠，孝属举哀，摔盆者扛起引魂幡，棺驾随而走，接着高高扬起纸钱，在空中飘舞，谓之"买路钱"。

民俗说摔盆儿的那块砖，是吉祥砖，用以给小孩压书，孩子大了可写出锦绣文章；给女孩压刺绣等活计，必心灵手巧，子孙满堂，享荣华富贵。另外，在高空飘扬的纸钱，若能接到手（不准纸钱落地），放在帽子里戴上，或用纸钱擦头，可治皮癣等症。

撒纸钱和"加钱儿"

扬纸钱的高手也是北京一绝，善扬者有很高技巧。出殡时丧主必找一个专门撒纸钱的人，走在孝子前许，其人身背或筐挎大串纸钱，手拿一叠纸钱，边走边捻，使纸钱散开，以防重叠压张，在起杠时，途中所经过的十字路口、河沿、庙堂、井台、城门、桥梁等处，以及入葬时刻，扬纸钱者，用力将纸钱高高扬起，高者可达数丈，纸钱在五丈许的高空中，被风一吹，散开后漫天皆白，其状如蝶，在空翻跹回旋，迟迟不下，甚是壮观。

附：撒纸钱高手"一撮毛"

北京有个撒纸钱的高手，姓全名福，绰号叫"一撮毛"，凡出大殡者，都是他撒纸钱，如少了他，出殡都减色，有他则增光。

此人幼年就喜掷石锁，数年练得臂力过人。一次邻居有丧事，出殡前没请到撒纸钱的人，"一撮毛"自告奋勇，出殡时只见他拿一沓纸钱，轻轻掷向天空，竟似高入云端，纸钱悠悠飘满天空，众口皆赞。自此，每遇寒苦之家有丧事，他就尽义务去撒纸钱，并产生了浓厚兴趣，撒出的纸钱，越来越漂亮，并且出了名。

一次，大户人家魁公爷辞世，他充当撒纸钱的角色，他有意在送葬的大官中一显身手，四五十张纸钱一叠，被他抛上六七米的高空，只见一沓纸钱如线钻入云端一般，然后如伞状地向四面八方雪片般飘悠下来，真是精彩之极，众人无不称奇，交口称赞，争先看全福，有人呼道：领下有一撮毛者便是，从此"一撮毛"的绰号就叫开了。

从此凡出大殡者，无不找"一撮毛"来撒纸钱儿，成了丧葬仪仗中的"大腕儿"，收入可观。清末皇家每月颁赏他四两银子，民国货币用银元，每出一次发引，现大洋八至十元。他撒纸钱起家，置了房产，而且还传授了门徒，专操此业，成为北京一绝，是丧葬仪仗中闪闪的明星。

"加钱儿！"

在殡仪起杠后，扛头响尺一响高喊："加钱儿！"民俗说若不高喊"加钱儿"，死者来世必是哑巴，故起杠高喊"加钱儿"已成礼俗。为此，丧主在正式扛价外，另有赏于扛夫。

扛头在喊时先转向后边说："四角答碴"，然后拉开长音唱道："四角跟，后尾答碴！本家老爷赏××吊！本家姑奶奶赏钱××吊！本家大舅老爷赏××吊！本家……"他每喊完一声，全体杠夫都异口同音地回答："哎××吊！"凡给赏者皆高声公布名单。但是，所喊××吊，实际并没有那么多，只是为了讨好赏钱人高兴，他们以一顶十、十顶百的谢赏。

大杠人多势众，全体扛夫喊起来声势浩大，殡葬队伍备显威武，还起着为扛房宣传的广告作用。这种大杠的葬仪，常常引来沿途路人、老人孩子们的称赞声，说人家死得值！

执事仪仗

出殡的仪仗民国前是根据官品、职位而定，民国成立后，没有限制，可随便讲排场，这期间北京的军阀、官僚很多，大官和较大的官，家中落了白事，其下属就看成拍马屁的好机会，葬事办得越大越好，送厚礼讨上司喜欢，目的是往上爬。民国期间的地主、财主携带财产来京的也不少，包括北京沦陷期间，因此有钱的人多，他们去世后大办丧事，扛房业空前的繁荣起来。随之执事的仪仗也没了准谱。

一般巨富、官僚用八十人上下的大杠，所用的木杠用红漆涂得鲜红，官罩（棺上的罩架，出殡时用）架子的四角有四个龙头兽，叫"吞口"，罩架上盖有大红绣花的棺罩。在罩之四角吞口处，挂着四个大花穗；还有四条大杏黄色的绸子，每一条绸子下都有一个人拉着，这个差事叫"拉幌"。在棺罩的顶上中间有金黄色木制的"火焰"，棺罩周围还有四个人，举着四杆旗子，这差事叫"拨旗"，如果在路上碰见什么障碍物，可用旗子拨开。八十人大杠抬着，稳如泰山，在大街上巨大的棺罩徐徐前进。

出殡的队伍一般是走在最前面的，是两面锣，鸣锣开道，接着是引路王一对，开路鬼一个，纸糊的人，各高一两丈，头大如斗，戴盔戴甲，怒目圆睁，其脚下有木轮，专有人推走；开路鬼后是"铭旌"，是幡形的亭子，用红绸金字书写死者在世时的官职、历史、主要功绩。用八个人抬着彩亭；其后是香幡、简幢，香幡用白缎子为底，上绘各种图案，再用特制的线镶上；简幢即彩缎绣花的幡，各四到十二对不等，中间夹有挽联、挽帐及各种纸活；再往后是金执事，就是金卧瓜、金立瓜、金钺斧、金天镫、金拳、金掌、金兵符；再其后又有飞虎、飞龙、飞凤、飞熊、飞豹、飞鱼、飞鳌、粉棍、格漏、鸣锣等不同图案的大旗；再往后是绸缎子绣花的大幡伞，六柄，片幡六把。中间还有打着白雪柳和引魂幡的儿童十二名和鼓乐两班各九人；往后是四人抬的彩亭，也叫影亭，亭里放着死者的放大相片。在亭轿之前用三把红缎绣花大伞，每个伞顶上有两条很长的黄绸子，由两人拉起即拉幌；再后有四人抬着的引魂轿一个，内里有死者的牌位；之后有官鼓大乐一班，清音锣鼓九名，二人抬一个小鼓，四人吹笛，一人打小锣，一人手打皮鼓指挥；再后是喇嘛、道士、和尚执乐器高声诵唱经文；再后面就是前文所述的八十人杠抬的大棺罩及棺中亡人。在杠前有两条白布，一头结在杠上，另一头由近亲及其友人拉着白布走动，执绋就是这个举动的名称。执绋人间有孝子打幡、次子抱灵牌，长媳抱罐，孝男步行前引。在棺木后面是执事人等将一些干戈钺斧的黄绦子连成一排，另有执事飘举于后，棺罩后的这些执事人等，叫做"后押"。这些执事的最后端，就是孝妇及其友人家属等乘坐的马车或轿子人等，亡人家的孙媳坐白车，白围布上插些石榴花，一般妇女乘白围车，远族及其亲友乘坐青围车，另有帐房车等。

这支送葬队伍，从最前方的鸣锣开道，到最后边的家属车、轿，足有数百人之多，其送葬队伍全长有三四里之遥，浩浩荡荡，吹吹打打徐徐前行，每逢路口都要烧纸，高扬纸钱，大杠行到路口，交情不深的一般友人，即可辞行，若走到城仍未走者，就必须要到坟地了。

以上为大官僚、富绅之葬礼队伍仪式，至于一般人家，依据经济和条件而办，如三十人扛到八人小抬都有，前有响器，丧锣丧鼓，前有二人抬着"令"高旗，后有简易执事也就是雪柳（一竹木上插若干竹篾，上裹白穗四个）；片幡（蓝缎面上绣荷花，用杆举起）称之"四花四柳"或"八花八柳"。棺材没有棺罩，上盖一红花缎面，棺材后边有二三辆马车或人力车、三轮车坐着亡人女眷。

等而下之的赤贫，或用"工字杠"（四人扛棺）、"牛头杠"（三扛夫）、薄皮棺材一抬完事。再穷的就不办丧事了，买个大匣子（木板很薄，质地次），到乱葬岗子一埋而已。至于街头倒卧（死尸），有收尸队拉出城外一埋就完。

路祭

在出大殡的路上，所经之处，有茶桌和路祭棚。茶桌是给孝子及亲友饮水用的，八仙桌上放茶壶茶碗，把茶泡好，茶桌主人端茶到孝子面前敬茶，不论喝与否，孝子都要叩头以谢，主要是礼节上表示慰问。

路祭棚是死者生前好友集资找棚匠搭的，棚的大小、样式由集资多少而定，气派大的有起脊棚，棚外有素彩牌楼，棚左右有幡伞等执事，棚中有祭堂、祭席酒宴等，桌后有挽联、花圈，当灵棺经此，将亡人影像从彩亭里捧请出来，进祭棚放在虎皮太师椅上，由和尚、道士、喇嘛等诵经，主祭人祭酒叩拜，孝子还礼，然后"请"影入轿（或亭）再启行。

起初，都是生前友好，自发搞茶桌和祭棚的，后来不少是丧家事先约好的，以壮门面。

下葬

大的殡杠一般出了城以后，就换成小杠，若小杠，则由高抬改做矮台，这样以便于行路。扛到坟地，撤杠挖坑。

凡富户皆有墓地，早已修好，还设有祭堂及看坟者的住所。下葬后还要聚金。一般人家，在出殡之前就挖了坑穴，扛夫到此一块摘肩落杠，将灵棺抬到坑穴入葬，抖绳完活。

在入葬之前，扛夫们最怕风水先生找山向，找不好山向就不能掩土入棺，吉时（入葬时间）的时间不定，待找好山向后就埋。找好方向后，扛夫按风水先生说的山向，将灵棺缓缓系入坑穴，棺材要与坑帮有一定的空间。此时孝子跪灵，鼓乐大作。下葬之后，扛头向丧家说："老太爷（或老太夫人）宝材已脚登实地了！"然后，由长男撒头锹土，茔地上的人一齐埋土，填满，堆成坟头，孝子将纸幡插在坟上，摆上供品，僧众高诵经文，丧家痛哭后，跪请亲友中穿浮孝的脱孝，办完后陆续进城。

回影和圆坟

孝子和随丧主回家的人，到大门口都要在水盆中磨几下菜刀，然后再进门，也有在门前焚草的，不管焚草、磨刀，都须在家的人给一块冰糖含在嘴中。此举是恐带回"妖气"。

孝子回家，此时丧棚已拆尽，一切

如初，恢复原状。先接影、悬影，即亡人相片抬回后叫"回影"，彩亭到门前，孝子要跪接先人之照，捧到祠堂或正房中悬挂，挂后焚香叩首上供品。

埋后三天的早晨，由丧家一人到城外坟地去"圆坟"，称之暖坟，用一个火烧夹上木耳，埋在坟头里，表示"叫墓门"之意。

三天后，孝子们再分头去看亲友，凡出份子的、协理丧事的人等，都要到他们家里叩头，称之"谢礼"，又称"道乏"，至于远处亲朋，发出谢帖慰问，丧礼才为告成。

焚伞、船桥及丧礼禁忌

焚伞烧船

在棺木下葬后的第三十五天，即"五七"，据说要过五殿阎王的关，阎王生前无女，所以喜少女和花朵，如死者用插上花朵的伞隐身，使之误认少女，就可使亡人过关顺利。

冥衣铺做的纸伞，由死者的女儿去买，还要亲自到娘家来主持这个祭礼。

祭礼较简单，装几个纸钱"包袱"，上写亡人姓名，供在正房中央，供水饺三碗，只有近亲和全家人依次叩头后，把"包袱"取下（应称请下）连同纸伞一块送到坟地或广场焚烧，后泼一碗净水。

人死到六十天时，传说亡人要在阴间过河，因此家里要糊法船一只，金桥、银桥各一座，焚化后亡人便可乘船过河，通过金桥、银桥可达极乐世界。

自然，这些纸活都是由冥衣铺糊成，一般人家烧了完事。富家的纸活又是非常讲究，还要请僧众办道场，在下午三四点钟时，到附近空场焚化。焚烧前在船桥四周泼一些水，象征汇成水路，焚后行船，然后再点火烧之。

清光绪帝驾崩后，光绪所烧的法船在西陵糊制，长十三丈，每丈由一个街口的冥衣铺承担，故北京城冥衣铺有十三段之分，著以为例。慈禧所烧之法船，在东城沙滩糊制，长十八丈，除十三段工匠占十三丈外，其余全归一名叫杨义的工匠为之。

杨义者，京城裱糊匠之翘楚，手艺精巧，超群绝伦。清末时，全京城有最难糊之活发至，即归他承作。庚子年间一著名大臣杨立山亡故时，六部口富兴斋承应糊作印章八方，盖因杨立山家人不肯以真印章殉葬，故令糊制纸物。杨

北京礼俗

义糊成时，与真印章一同放在桌上，令人辨认，人皆莫辨真伪。杨义去世后，京城中有杨义之徒弟佟瑞宽与王岩二人，手艺最佳。我曾见其二人为柏林寺一张老太太糊的一只大船，长六丈五尺，船上樯橹栏杆，旗幡佛像，皆甚精细。时势迁移，烧活的品种也有发展，至民国，烧活中最难糊的是汽车、自行车等。京城裱糊匠亦适应潮流，技艺翻新，糊得惟妙惟肖。

死人入土一百天，还要大祭，一年时要办周年等等。

禁忌种种

北京人过去有较强烈的"慎终追远"的思想意识，崇拜先祖，鬼魂观念、血缘观念很深，灵魂不死，似乎在阴间也和生前一样知冷知热，因此，导致人们在人死后，在处置尸体等等行动中，供奉祭奠等仪礼中，在整个丧礼过程中，处处充满了危险和灾难，人们处在极端禁忌的心理状态中，认为遵从某些禁忌，葬礼就能顺利进行，似乎在葬礼的每一程序中都有禁忌的事例，下面简略谈谈各类禁忌。

在死亡的时间里，北京忌讳死于正月初一到正月十七日内，腊月（阴历12

月）俗称死在"大年下"、"大腊月"里，即死的不是时候，其意年下、腊月都是过年的日子，人们正在忙年，会给亲友带来麻烦。

成殓禁忌：人死后要穿一套"寿衣"，即殓衣。穿寿衣要及时，忌讳死者光着身子去阴间见阎王，因此在人断气之前就要穿好寿衣。认为人死后有出殃日。说是死后三天出殃，殃即灾难。说不到三日阴魂不出家门，死后三天才出魂（出殃），由阴阳先生指定出殃日、时，丧家把一切门都打开，门外挂出殃标志，以防有人误遭灾。

穿孝禁忌：妇女穿孝服不许戴金首饰，改戴银饰可以。

丧期禁忌：禁忌子女或年轻女子在灵床上坐卧。非丧事不谈。不准洗脸，男忌剃须、理发，女忌脂粉。

葬地禁忌：民间流行"十不葬"的说法：

一不葬粗顽块石，

二不葬急水滩头，

三不葬沟源绝地，

四不葬孤独山头，

五不葬神前庙后，

六不葬左右休囚，

七不葬山冈撩乱，

八不葬风水悲愁，

九不葬坐下低小，

十不葬龙鱼尖头。

葬仪禁忌：孕妇禁忌送葬。入殓后，放棺的屋里忌红色。堂前停棺不能扫地，到出殡前孝子才能用扫帚把棺材上的土扫下来，谓之"扫财"。孝子出殡摔盆儿，忌一次不能摔碎，也忌第二次再摔。

社交禁忌：服孝期间不走亲戚、不访友、不集会、不拜年。《帝京岁时记》说："服制之家不登贺，不立门薄。虽有亲宾来拜谒者，亦不答拜。初五日后始往叩谢，名曰'过破五'。"

服饰禁忌：在服丧时期，忌穿彩服和红装，以白色为孝服色。在缝制孝服时，忌到别姓家制作。

……

以上所说的葬仪中的禁忌，北京一直流传到解放初期。改火葬后，这些禁忌虽未绝迹，但也少见了，还有些禁忌，仍在农村山区等地见到，但也有所变化，都发生了明显的革新。

附：名人葬礼选例

从古至今，老北京的葬礼形式都在不断地演变，但是变化之大、之快，莫过于 19 世纪初到五六十年代这半个多世纪。从伟人、名人等的葬礼中，也有所反映。1909 年 3 月 12 日光绪的葬礼，还是全部封建形式的内容，即本章前文所叙出殡等仪式，到五六十年代的和死者的告别仪式。从葬礼形式的变迁，也会使人感到社会发展、人群进化的速度之快。

孙中山先生葬礼

孙中山先生葬礼，于 1925 年 4 月 2 日举行，从上午十一时，出殡于西山碧云寺。

孙先生逝世后，苏联闻讯曾送水晶寿材，棺木来京后，经协和医院医生等研究认为：水晶棺脆薄，外皮为金质，容易传热，不适于尸体保存，经与孙先生家属商定，仍用原来的棺木，水晶棺暂存铁狮子胡同治丧处的灵堂内，供人们参观，后来又迁往西山碧云寺至今。

1925 年 4 月 2 日上午八点起，从西长安街到中山公园、天安门一带，有各团体、学校等树立的白旗。有陆、海军队为护灵队，警察保安队，先后按次序排立。在公园公理战胜碑下，由北大花圈队学生，每人各持一花圈。段祺瑞代表大礼官、内务部特派礼官，各团体代表等，于九点三十五分，在灵堂前行三鞠躬礼，献花圈。各界代表等先后行礼。十点二十分，孙先生家属向灵行三鞠躬礼，十一点发引。由八名官员双手把用青布带挽棺抬出灵堂，由马湘手执宋庆龄夫人赠送的红色花圈随棺后，由马驭雄等人，手执青天白日满地红之国旗为前导。有数人执绋牵引灵柩，另有人手捧孙先生遗像随行。美国白鹤公司拍照电影，国民党第一师手抢队一连兵士保护灵队。

十一点五分，灵柩到公园门口，所有众多来宾皆原地行脱帽礼。由一辆汽车做长方形，呈黑色，四边顶端皆用青布扎成的丧球，将遗体入车内，宋夫人花圈放于棺上，遗像放在马车里，四周皆官员人等之花圈。宋夫人乘坐第一号雨马的黑车，在车顶上，扎有青色丧球，其余家属分乘十辆马车，其车顶皆是白色丧球。

遗体汽车及送殡队伍，经西长安街、西单、西四，出西直门往西山行进。沿途有警察维持秩序，在殡仪进行时，由内务部鸣炮三十三响，各机关一律下半旗志哀。下午二点出殡队伍到西四牌楼的时候，各国代表、各校学生及警察分列两行，停止前行，队列直达西直门。花圈队分两行继续前行，到老爷庙时，花圈队学生在灵车经过时，将花圈扔到车上，最后由汽车运往西山。沿途学校等列队行礼。

当灵车经玉泉山山口时，扎有花牌楼一座，上边嵌着"中山先生主义万岁"字样，还有小牌楼，上嵌"哀音"二字。下午四点二十五分，棺灵到碧云寺门前，有丧牌一座，上边有"天下为公"四字，左联为："人群进化"；右联："世界大同"。车至二重门，有牌楼一座上书："中法大学敬奠孙中山先生"，左联："赤手创共和，生死不谕三主义。"右联："大名乘宇宙，英灵长耀两香山。"在第五重门，有和尚释净挽轴："今世如来"。停灵棺处在"和尚塔"，塔高四丈许，四周皆石制作，塔中有二尺三寸高的石龛，石龛前树有青天白日满地红的国民党党徽。石龛装潢如灵堂相同，横额书"有志竟成"四字，左右联为："革命尚未成功；同志仍需努力。"

在当日五点三十分整，举行公祭，先奏乐，再读祭文，全体人员行三鞠躬礼，唱追悼歌，奏乐，丧礼毕。

军阀吴佩孚丧礼

北洋军阀、直系头子，于1940年冬病故于北京东四什锦花园的住宅。一些趋炎附势的吴府幕僚及门客成立了"吴子玉将军治丧委员会"，还有一些社会名士挂名于内。

治丧委员会发出的讣告，比一般名人、军阀的编印得形状大，而且发的也多，什么亲朋贵友、要员人等，凡有点名望的社会人士，皆发给讣告，真是讣告满京城飘飞。凡是来送丧者，皆发给孝服，分品级，上等发绸子大褂一件；中等为白布大褂一件；末等给孝帽一顶、孝带一条。而且还制造了纪念章，凡来送丧者，每人发一枚，纪念章有吴佩孚半身戎装像，铜版印成，蓝边印有"吴佩孚将军治丧委员会"字样。其工艺水平极为粗糙，实在难看。

出殡的时候，用全部满汉执事，用金丝楠木制造的棺材盛殓，崭新的棺罩、崭新的执事，锣鼓喧天，沿途的祭棚繁多，规模也大，出殡队伍中有许多日伪军政要员，除了长长的马车队外，一辆辆小汽车把大街堵塞，常常停滞不前。

在又长又宽的出殡列队中，还有京都人人皆知的抛撒纸钱的高手——"一撮毛"的纸钱，在天空中悠悠扬扬，有如伞盖似的向四面八方飘落，看来倒也壮观。

现明和尚丧礼

现明和尚，系京都广济寺的住持，死于1942年，通过他的丧礼，竟使北京人人皆知了这个和尚，成为一时间聊天的谈资。

广济寺是京都名刹，其为现明举办七七四十九天水陆道场，为他超度，这在广济寺来说是不算什么新鲜事，可是这道场与众不同，甚为鲜见。道场设在寺中千手千眼观音殿，菩萨像全身紫铜浇铸，坐于莲台上，高约4米，其工艺之精，无与伦比。殿里高悬幢幡宝盖，绣工精美，色彩鲜丽，既华丽又显着尊严，所列一切，令人眼眩，空间烟雾飘动，佛乐悠扬，使人有仙境之感，所焚的香火，都是佛门名品，如直径有四分左右，长约两尺的棕色大藏香，烟味异香，沁人肺腑。每日晨钟暮鼓，早晚都有佛事，午间、子夜都要诵经。四十九天内，逢七日再加佛事，有时夜间还放焰口，大盒子花照如白昼，真如再现雷音胜境。有佛门弟子一百零八名，身披锦绣袈裟，朗诵佛经，和谐动听，众音如出一口，乐曲悠扬，使人忘尽人间一切，身处圣境。

他的丧礼胜过吴佩孚军阀，可见其规模宏大。但无撒纸钱等俗家之礼。

送殡队伍长达四里之遥，走在队伍中的有各寺僧尼，四城居士，各界信士弟子、居士等，有的手执法器、有的默默诵经、有的高奏梵乐，还有凑热闹的，浩浩荡荡，出广济寺，绕道缸瓦市到西单，再回原路出阜成门到白堆子毗卢火化塔流动。

出殡队列两边，有日本宪兵队、有伪警皆持枪警卫，三步一哨、五步一卡，真是不可一世。日本宪兵队，身穿粗黄呢子军装，带有"屁股帘"的军帽，伪警察白帽圈、白裹腿一身黑的"老虎皮"，耀武扬威，煞有介事。从这些军、警列队，就可知这个和尚跟日寇的关系非比寻常，十足的汉奸和尚。一路上的祭棚，比吴佩孚有过之而无不及。

从广济寺阜成门脸儿到白堆子，有八里之遥，每隔一里之间，就设粥棚一座，送丧的、看热闹的闲人，撒开了白喝粥，还有"方袋面"（进口面粉）蒸的馒头，你就往饱了吃，管够。当时市民，小康人家也就是棒子面，穷主就得吃混合面了。可见其葬礼耗资之巨，非同一般。

送葬队伍涌到白堆子，眼前一座"毘卢塔"，石座砖身，有5米高。在塔门里已堆放着木柴，柴上浇了火油。在柴堆上面，有个长方铁篦子，是放灵枢用的。这时把现明和尚遗体放妥后，闭上塔门，塔门露出"五蕴皆空"四个字。就听有人喊一声："举火"，立刻火舌高扬，滚滚浓烟腾空而起，同时，居士们等，高声诵佛，其热烈程度比烈火不低，人声、佛声、火声混成一片，于是圆寂火化礼成。

梅兰芳先生葬礼

梅兰芳于1961年8月去世，中国戏曲学院及梅先生生前友好和广大观众，都沉浸在无比的悲痛之中。

在北京首都剧场举行了梅兰芳先生的追悼会。剧场内充满了庄严肃穆的气氛，剧场前厅正中是梅兰芳先生的大幅遗像，在遗像两旁摆放着一个个花圈。梅先生的遗休，躺在一个水晶棺中，为他站岗的是中国戏曲学院研究班的学生们，他们佩带着白花和黑纱，悲容满面。

排着长队的老老少少也是佩带白花和黑纱，迈着沉重的步伐进入灵堂，为梅先生行鞠躬礼，含泪仰望遗容。灵堂四周的挽联，表达了亲友们的悲哀感慨，其中张溪若先生的挽联，说出了广大人民的心情："梅落京华举国痛悼，兰芳世界才艺长青。"很引人注目。

在灵堂的右边，有一支钢管乐队，有数十人穿戴整齐，奏出沁人肺腑的哀乐，增加了剧场的悲哀气氛。在灵堂的后面，有数十个扛夫，身穿绿驾衣袍，土黄套裤，翎子帽，这些扛夫恐怕是京城最后的扛业元老了，满头白发。

追悼会及告别仪式后，就要出殡了，只见扛头挥手敲起响尺：梆梆！两声后，扛夫全体各就各位，又在响尺的梆！梆声中，抬起水晶棺，老扛夫整齐如一，把灵柩抬上载重汽车上，又分别坐在左右守护着，接着大客车、小汽车一字长蛇穿大街驶出京城。

车队来到京西皖华山下，因坟地在山坡上，还有一段路，此时，扛夫们随着响尺的梆！梆梆声，又迈出整齐步伐，地虽高低不平，有时坡度很大，但空中的灵柩始终稳如泰山，和平地行进相同，老扛夫这手惊人的绝技，已走进了历史。

在山腰间，有块平地，有三个墓穴，皆用水泥砌好，右边是已故元配夫人王氏，棺木入穴。当梅先生棺材入葬时，家属哭声一片，尤其梅夫人，痛哭声中几乎要跳下墓穴。

蒙族、满族、回族、基督教丧礼

蒙族丧礼

蒙古人的丧礼带有一定的神秘性，死者进行火化。

贵族的葬礼，搞得很隆重。死者在生前就选好地方作为葬地，并掘个大坑。人死后先把一座毡帐放在坑里，再将死人尸体放在毡帐中。在毡帐里放进死者生前所用的各种用品，如坐骑、车辆、食品等，用意是在阴间享用。那些与死者共同居住的亲人、仆从等，参加施行火净的仪式。而后，由巫师（萨满）为死者举办各种祈祷，为死者的灵魂安宁和后人的生活幸福给予祝福。死者的墓地周围有兵卒守护，不许人走近，直到墓地有了青草，和周围一样后，方可无人守护。

蒙族民众丧礼，在大都时，人死后请和尚前来念经。死者入棺材前，先把棺材停在门前，过一到两天后，再将死者送到周围寺庙或近郊庙中停放。然后，由专人火化。死者的众多亲友聚在一起进餐。再将死者的骨灰埋进郊区的坟地。家里每逢岁时行祭奠之礼。

满族丧礼

满族的祖先是女真族，居住黑龙江、吉林一带，他们的原始葬礼简单，即死者埋之而无棺椁。贵族死时，将生前宠爱的奴婢、鞍马殉之，所有饮食等物焚烧，称为"烧饭"。

金中都后期，城市经济发展，在葬礼上受汉族影响，在丧葬上讲究排场，一般办丧事"无问贵贱，多破钱物，用纸做房屋、车马、侍从等仪物"。

满族入京师后，葬礼演变得有些特殊，人死后，要将尸体顺着炕铺停放，头要冲屋门，脚不能过房梁。再入棺时，死者尸体不能过门而出，其因是：门是活人出入的，因此须从窗户抬出。早年还有人死后，在院子里西边立一根5米高的竿子，上挂3米长的黑布或红布幡。在出殡时，参加葬礼的亲友们，都去抢那块幡布，据说拿回去给孩子做衣服非常吉利，后来葬礼演变为与汉族相似。

回族葬礼

回族传统的丧葬是土葬，土葬不用棺材直接入土。

人死后，要请清真寺阿訇念经，要念《古兰经》，如果请不来可由家族或亲友念经，他们无论男女全读过经。通知清真寺并请道行高的耆老，携木床、木桶来家冲洗净身，然后用白布裹三层放入棺内。全家按远近穿着孝服举哀，第二天便出殡。回教茔地是在土坑中掘洞，撤去棺木，放进死者，死者头必须朝西，然后掩土，坟呈正方形或长方形，但上面要小，底座要大，从上俯视，呈"回"字形。

回教出殡时，多用棺罩，扛夫人数由丧家情况而定，富者多些，穷则少些。教民中的极穷者有丧事，可由清真寺施送棺罩和扛夫，同教人帮忙，同教富有相助的精神。出殡时孝子不打幡摔盆，不在杠前单行，要杠前横木里扶着横木同行，以示养生送死之孝道。没有执事人等，仅有"引炉"六至十二人不等。

丧事皆在出殡下葬后第七日，念"七日经"，富人可多念数日。在念经期作为正式办事，丧家要准备饭菜款待来宾，来宾交纳份金，封套上写上"经礼"二字，下款署和亲人关系及姓名。"隔教不隔礼"，也接受教外人的庆吊。

基督教丧礼

该教丧礼日期不定，有停五日或七日搭棚办事的，也有二三天内在礼拜堂办"祝丧会"的，也称"悼丧会"。有的因天热或传染病，死后就装殓出殡以后再追悼的。

在人临终时要擦"圣油"。在教徒年迈或病危时，由神父用"甘蓝油"擦病人的手足和耳、目、口、鼻，并诵一段祈祷经文，这样做是借此赋恩宠于受敷者，以减轻他的神形困苦及赦免罪过。

殓衣装裹不限，和常人一样。成殓后在院里设棚和月台，没有僧道、不烧纸，也没有"接三"等汉丧礼俗。在举办"悼丧会"时，来宾对棺木吊唁，只许静默，不准施鞠躬礼等。丧家也不跪灵陪祭。后来经过讨论可以给棺木鞠躬了，丧家也要陪灵还礼。门吹鼓手一有动静是来宾入棚的信号。出殡时鼓手前行。

基督教办丧事只收花圈、挽幛、挽联，不收礼金。悼丧会仪式如下：

一、唱诗；二、祷告；三、牧师讲《圣经》；四、唱诗；五、请亡人至交述说死者生平经历；六、念祝祷文或指定某人为亡人祈祷；七、家属向来宾行鞠躬礼；八、牧师祝福散会。

解放后丧礼的变化

火葬的发起

1956年4月27日，在北京中央工作会议上，在会间休息时，秘书把一份《倡议书》送到毛主席手中，主席认真读了倡议实行火葬的《倡议书》，其内容如下：

人由生到死，这是自然规律。人死以后，当给以妥善处置，并且采取适当的形式进行悼念，寄托哀感，这是人之常情。我国历史上和世界各民族中有多种安置死者的办法，其中主要的办法是土葬和火葬，而土葬沿用最广。但是土葬占用耕地，浪费木材；加以我国历代封建统治阶级把厚葬久丧宣作礼仪，常使许多家庭因为安置死者而陷于破产的境地。实行火葬不占用耕地，不需用棺木，可以节省装殓和埋葬的费用，它无碍于对死者的纪念。这种办法虽然在中国古代和现代还只有一些人采用，但是，应当承认，这是安置死者最合理的一种办法，而且在有些国家已普遍实行。因此，我们倡议，在少数人中，尤其是在国家机关和领导工作人员中，根据自己的意愿，在自己死了以后实行火葬。为了火葬的方便，除了北京、上海、汉口、长沙等地方已有火葬场外，我们建议，国家还可以在某些大中城市和其他适当地方，修建一些现代化的火葬场。

我们认为安葬死者的办法应当尊重人们的意愿，在人们中进行火葬的办法，必须是逐步的；必须按照自愿的原则，不要有任何的勉强。中国的绝大多数人都有土葬的习惯，在人们还愿意实行土葬的时候，国家是不能加以干涉的；对于现存的坟墓，也是不能粗暴处理的，对于先烈的坟墓以及历史纪念物的古墓都应当注意保护。对于有主的普通坟墓，在需要迁移的时候，应当得到家属的同意。

凡是赞成火葬办法的国家机关工作人员，请在后面签名，凡是签了名的，就表示自己死后一定实行火葬。后死者必须保证先死者实行火葬的志愿。

毛泽东同志看后，非常满意，这份《倡议书》已征求过大家意见，毛主席挥笔第一个签了名。后来《倡议书》受到了全国人民的支持，于是逐渐都实行了火葬。第一个接受火化的国家领导人是林伯渠同志。

送葬形式

现代送葬形式，虽较过去简化，但丧礼还是庄严、郑重的。

死者家属首先要通知亲友、发布讣告，一般由死者单位组织的治丧委员会完成。

现代丧事吊唁大都在殡仪馆举办。追悼会一般规模不宜太大，会场布置得庄严肃穆，可用柏枝、松叶、白纸花扎几个花圈，两旁挂上挽联，花圈要小心轻放，仪式开始后，所有女性祭奠人均保持穿戴不动。男士穿大衣可继续穿，也可脱下挂于腕上，脱帽，追悼会仪式，其程序如下：

一、×××同志追悼会开始，全体肃立。

二、奏哀乐。

三、向×××同志遗像致敬、默哀。

四、敬献花圈（如事先已献花圈的，则只宣布献花圈的单位名单即可）。

五、×××同志致悼词。

六、×××代表讲话。

七、宣读唁电、唁函。

八、家属或家属代表讲话。

九、奏哀乐，散会。

近年来一般人死去，只进行遗体告别会的仪式向死者表示哀悼，其仪式更为简单，遗体告别仪式如下：

一、×××同志遗体告别式开始。

二、奏哀乐。

三、向×××同志遗体致敬、默哀三分钟。

四、献花圈。

五、致哀悼词。

六、向×××同志遗体告别（与会人皆排成单队，缓慢走过灵床）。

七、散会。

另：骨灰安放仪式。一般在墓地举行，墓地立墓碑一块，正面刻死者姓名，旁刻立碑人和立碑时间。死者亲属由子、女手捧骨灰盒缓缓放入墓穴，后封上穴盖，在碑前供上花圈、鲜果，并行志哀礼。

在召开追悼会前，亲人戴在胳膊上一块黑纱，表示哀悼。所有参加追悼会的人，皆先佩上殡馆发的白花，戴在胸前。

京都墓地

京都墓地于1998年前，市属公墓有十四座；区属公墓十个。近二三年来，不少郊区，又开发了若干墓地。不少墓地有如花园建筑，绿化面广。附：市区所属墓地名称如下：

合法公墓一览表

归属	公墓名称	地　　址	电　话
市 属	万安公墓	海淀区香山万安里 1 号	62591545
	福田公墓	石景山区福田寺	68872551
	西静园公墓	海淀区福缘门 85 号	62571076
	外侨公墓	朝阳区酒仙桥东七棵树村	
	八宝山人民公墓	石景山区八宝山	68216204
	太子峪陵园	丰台区长辛店乡太子峪杨家坟村	63887030
	金山陵园	海淀区香山南路正黄旗甲 1 号	62591604
	通惠陵园	通州宋庄乡师姑庄村东	69591394
	八达岭人民公墓	延庆县西拨子乡里炮村	69121451
	温泉墓园	海淀区温泉乡温泉大队北坡	62458645
	朝阳陵园	朝阳区楼梓庄乡黎各庄村	
	天慈墓园	大兴县孙村乡北磁村	69247454

北京礼俗

续表

归属	公墓名称	地　　址	电　话
市属	西静园殡仪服务有限公司	海淀区清华西路福缘门1号	62541149
	万佛华侨陵园	门头沟区永定镇	69803346
区县属	门头沟天山陵园	门头沟区军庄镇	69850732
	房山静安墓园	房山区公主坟村	69386902
	大兴天堂陵园	大兴县殡仪馆正东1公里	69252385
	通州惠灵山陵园	通州大杜社乡东田阳村东	
	怀柔凤凰山陵园	怀柔县桥梓镇后桥梓村	69676444
	顺义潮白陵园	顺义县殡仪馆旁	69443783
	平谷归山陵园	平谷县王辛庄乡熊尔营村	69977430
	延庆八达岭陵园	延庆县青龙桥	69121138
	昌平凤凰山陵园	昌平县南口镇龙潭村北	
	昌平佛山陵园	昌平县阳坊镇后白虎涧村	69760238

北京礼俗

主要参考引证书目

《礼仪大全》　安徽科学技术出版社

《礼仪全书》　国际文化出版社

《北京往事谈》　北京政协文史资料

《宣武文史》第三辑　宣武区文史资料委员会编

《老北京的风俗》　北京燕山出版社　常人春　著

《北京旧事》　学苑出版社　余利　著

《北京风物志》　北京旅游出版社

《北京风俗杂咏》　北京古籍出版社

《老北京的生活》　北京出版社　金受中　著

《燕都说故》　北京燕山出版社　胡玉远　编

《京都胜迹》　北京燕山出版社　胡玉远　编

《清末北京志资料》　北京燕山出版社

《京城丧事》　九州图书出版社　树军　编

《国舅、驸马、学者》　钱立言　著

北京礼俗

后　记

　　中国素有"礼仪之邦"的盛誉，中华民族以重"礼"而著称。北京先后有五代王朝在这里建都，是各民族的聚居之所，在长期的生活交往中，人们之间的礼俗相互通融、渗透，逐渐形成北京特有的礼俗文化，被世人称为首善之区。

　　北京有句俗语"礼多人不怪"，礼俗渗透在北京社会、家庭生活的方方面面，在日常生活中，随时随地都有礼俗加以规范。

　　北京礼俗是丰富多彩的，是情趣交融的。特别从民国初到解放初期，清制废除，民国又未审定，加之受西方影响，礼仪文化在北京日见纷呈，如婚丧等礼仪，更是众说纷纭，几乎一家一个样。但民间仍有规可循，即经历了漫长的发展、继承和变异，随社会发展，逐渐形成了朴素大方的礼仪文化。

　　为弘扬首善之区的道德风范，本书在写作中我参考了有关著作及报刊文章，除主要参考书外，未一一加以注释，望原作者谅解。

　　作者年近古稀，在北京生活中，亲自体验了以往生活的礼俗，如婚姻礼仪中，曾亲自参加过娶亲队伍中的执事——"拉幌"，还为姐姐压轿等。住家附近就有不少轿铺、扛房等。在完成本书中，崔普权先生为本书提供有关资料，与常人春先生等做过探讨，并得到编辑和文友们给予写作的指导，在此，我一并表示衷心的致谢。

崔金生

二〇〇三年十月于城南书室

插　　图　　侯钟琪

封面设计　　张希广

责任印制　　陆　联

责任编辑　　蔡　宏

图书在版编目(CIP)数据

北京礼俗 ／ 崔金生著 . －北京:文物出版社,2003.12
(文化百科丛书)
ISBN 7－5010－1543－0

Ⅰ. 北…　Ⅱ. 崔…　Ⅲ. 风俗习惯-北京市
Ⅳ.K892.41

中国版本图书馆 CIP 数据核字（2003）第 098157 号

北 京 礼 俗

崔金生　著

*

文 物 出 版 社 出 版 发 行

（ 北 京 五 四 大 街 2 9 号 ）

http: //www. wenwu. com
E－mail: web@wenwu. com

北 京 安 泰 印 刷 厂 印 刷

新 华 书 店 经 销

850×1168　1/36　印张: $7\frac{2}{3}$

2003 年 12 月第一版　2003 年 12 月第一次印刷
ISBN 7－5010－1543－0/K·776　定价: 15 元